まちづくりブックレット 6

子ども会と地域コミュニティの関係を考える

コミュニティ政策学会 監修
コミュニティ政策学会中部支部 編著

東信堂

「まちづくりブックレット」を手にみんなで考えよう

地域コミュニティとコミュニティ政策について、市民たちが自分ごととして考えていける素材を提供することを目指して、このブックレットシリーズを刊行します。

コミュニティ政策学会は、すでに 2013 年から『コミュニティ政策叢書』を、東信堂のご助力を得て、刊行してきていますが、さらに裾野を広げて、一般の読者にも読みやすく分かりやすいブックレットを考えました。地域住民組織、地域まちづくり、地域福祉、地域民主主義、地域分権、地域のつながりなどなど、地域のことを考える共通の言論の場をつくりたいとの思いから、企画しています。

この小さな冊子を手にとって、ともに考えてみませんか。

2020 年 1 月
コミュニティ政策学会

はしがき

このブックレットは、二〇二二年度コミュニティ政策学会シンポジウム「子ども会と地域コミュニティの関係を考える」（二〇二三年二月一九日（日）一四時～一六時半に開催）の内容をまとめたものです。

コミュニティ政策学会では毎年一回、各支部の当番制で、年度の後半にシンポジウムを開催してきました。二〇二二年度は中部支部としてシンポジウムを担当することになり、支部メンバーで検討した結果、私の企画案（「子ども会と地域コミュニティの関係を考える」）をそのまま採用することになりました。また、これまでは対面でシンポジウムを開催してきましたが、新型コロナウイルス感染症の影響、および学会会員を中心とする参加者の参加しやすさを考慮し、オンラインで開催することに決めました。

それでは、このシンポジウムにおいて、なぜ、いま、あえて子ども会を取り上げたのでしょうか。その理由は、主にふたつあります。第一は、これまでコミュニティ政策学会として、地域団体としての子ども会を取り上げてこなかった、という点です。周知のとおり、地域社会で活動するさまざまな団体のひとつに、現在でも子ども会が位置づけられています。全国的に広がっている、いわゆるまちづくり協議会のなかにも、構成団体のひとつとして子ども会が看取される場合もあります。ところが、子ども会の現場においては、会員数の減少にともなう休止や解散が後を絶たない現実があります。そうであるならば、本学会として一度、まずはしっかりと学会会員が、最新の子ども会の動向を把握できるような機会を設定する必要があるのではないか、と思い至ったしだいです。

子ども会を取り上げた第二の理由は、コミュニティ政策学会の会員の研究をとおした知見が、今後の子ども会の活性化に寄与する部分があるのではないか、と考えたからです。本ブックレットのなかでも触れられていますが、これまでの子ども会に関する研究は、児童福祉学や教育社会学などからのアプローチが中心でした。そのため、コミュニティ政策研究の知見が、子ども会の運営や活動の現場に活かされてきたとは、必ずしもいえない状況にあります。しかし、たとえば「子ども会をどのように運営していくのか」は、まさにコミュニティ・マネジメントの研究と大いに関連してきます。また、「子ども会に対して同じ思いを持つ人をどのように集め、どのように活動を盛り上げていくか」は、コミュニティ・オーガナイジングの研究と関わってきます。こうしたことから、コミュニティ政策の研究と子ども会の現場とのあいだに架橋が生まれるような機会を設けたいと考え、このシンポジウムの企画案を作成しました。

シンポジウム自体は、私のキーノートスピーチ、高橋先生の基調講演、コメンテーターによるコメントとリプライ、全体討論という内容で構成されています。通常のシンポジウムでは、基調講演とパネルディスカッションという二部構成がよくみられますが、今回はあえてキーノートスピーチの時間を設けました。というのも、そもそも学会会員および一般参加者のなかには、「子ども会とは何か」をあまり把握できていない可能性があるのではないか、と考えたからです。そこで、高橋先生の基調講演の前に、雑ぱくな内容ですが、私から子ども会について概説する時間を設けています。

基調講演の講師の高橋先生とは、私は当初、面識がございませんでした。ただ、子ども会に関する先行研究を読み込むなかで、高橋先生のご研究は、これまでにない斬新な知見を提示しており、かつその内容が本学会の問題関心にも通じる部分も多いことを把握しました。そこで、「ぜひ、高橋先生に講演講師をお願いしたい」と思い、共通の既知の研究者を通じて、高橋先生に依頼をしました。面識もなく、研究分野も異なる者からの依頼であったにもかかわらず、高橋先生はご講演を快くお引き受けくださり、本シンポジウムを開催することができました。この場をお借りして、高橋先生にあらためて御礼申し上げます。

最後になりますが、本ブックレットをきっかけに、コミュニティ政策学会の会員、子ども会に関わる保護者や育成者や指導者、さらには子ども会に参加する子どもたち自身が、令和の時代に見合った子ども会のあるべき姿を考え、今後の子ども会活動が再び活性化していくことを、ここに祈念しています。

二〇二四年三月　三浦哲司（名古屋市立大学准教授）

目次／子ども会と地域コミュニティの関係を考える

1 会長挨拶と趣旨説明

1 会長挨拶（名和田是彦・コミュニティ政策学会会長）

みなさん、こんにちは。今日は子ども会をテーマにして、山口大学の高橋先生に講師として基調講演をいただくほか、いろいろな議論の場がセットされているようで、大変楽しみにしております。

最近、子ども関係でも、コミュニティ政策に関わるいろいろな取り組みやさまざまなうごきがあります。たとえば、学校でのいわゆるコミュニティスクールに関係するうごきや、横浜の市民活動に端を発して厚生労働省が制度・事業にして全国展開している親子の広場事業などです。こうした新しいうごきをフォローするのにかまけている間に、子ども会についての関心が、自分のなかで低下していたと、私自身、少し反省しているしだいです。それで今、一体、子ども会はどうなっているのだろうと、大変興味があるところです。

私は研究フィールドが横浜市にあり、周りに聞いてみると、子ども会はずいぶん減少しています。横浜市の瀬谷区では、一二の連合自治会がありまして、そのうち瀬谷区の子ども会連合会に役員を輩出できているところは、もう二〜三団体程度になったようです。このような状況にあって、これはやっぱりもう一回、学術的にも子ども会について研究して、実際どうなっているかを明らかにしなければいけない、と思っているところです。

今日は、私自身にとりましても、学術的に子ども会のあり方を考える第一歩になると期待しております。簡単ではございますけれども、以上で会長からの挨拶とさせていただきます。今日はよろしくお願いいたします。

2　趣旨説明（谷口功・椙山女学園大学教授）

本日のテーマは、「子ども会と地域コミュニティの関係を考える」です。子ども会は「コミュニティ政策の視点からの検討に乏しい」と指摘されていますが、このオンラインシンポジウムの趣旨は、団体数・参加者数ともに減少傾向にあり、運営と活動が困難となっている状況をふまえ、今後子ども会はどうあるべきかを多角的に考えることにあります。

本日は、最初に名古屋市立大学の三浦先生から、子ども会に焦点を当てる意味も含めて、子ども会について考えるうえでのキーノートスピーチをいただきます。その後、山口大学の高橋先生に基調講演をいただき、コミュニティ政策学会中部支部のメンバーである春日井市役所の勝さんと私からコメントさせていただきます。この二名のコメントに対して高橋先生からご返答をいただき、最後は参加者全体での討論という流れで進めていきます。

2　キーノートスピーチ「子ども会のこれまで・これから」

三浦哲司（名古屋市立大学准教授）

1　なぜ今、子ども会について考えるのか

名古屋市立大学の三浦です。私の方からはキーノートスピーチということで、「子ども会のこれまで・これから」というテーマでお話をさせていただきます。

今回のオンラインシンポジウムは、子ども会がテーマであります。なぜ子ども会について調査するようになったかといいますと、現在、名古屋市で子ども会のあり方をどうするのかの検討を進めており、私もその検討会のメンバーだからです。そこで、今回、このようなシンポジウムを企画したわけなのですが、私自身は子ども会の専門家というより、まだ勉強中という立場であります。

さて、なぜ今、子ども会について考えなくてはならないのでしょうか。先ほど、名和田会長からもお話がありましたが、全国的に今、子ども会の運営と活動は、大半のところで非常に困難な状況に陥っています。

実際に、活動を休止する、子ども会を解散する、といったケースが相次いでいます。自治会・町内会もこういった状況がありますが、子ども会の方はより状況が深刻で、年々、活動を休止する団体が増えています。こうした事情ゆえに、全国各地で子ども会の関係者の方々、すなわち保護者の方、役員の方、育成会の方、また学校関係者、さらには自治体の担当者の方々は、子ども会の運営と活動のあり方に非常に悩みを抱えているところです。

こういった困難な状況がある一方で、学術研究として子ども会をどのように扱ってきたのかというと、主には教育学の立場から、子ども会は子どもたちの健全な育成に寄与するから大切だ、という指摘がなされてきました。しかしながら、われわれのようにコミュニティ政策について研究する立場からは、子ども会を正面から扱ってきたかというと、必ずしも多くはなかったと認識しています。これまで刊行されたコミュニティ政策学会の学会誌も読み直しましたが、子ども会をテーマとした論考は掲載がなかったしだいです。

そういったなかで今回、基調講演をお願いした高橋先生は、詳細なデータ・エビデンスに基づきながら、社会学・社会心理学のお立場から、子ども会の運営をどうしていくのかを検討されています。非常に貴重な研究であることから、基調講演をお願いしたという経緯があります。

さて、**スライド1**は名古屋市の子ども会のデータになります。これをみていただいたら、子ども会の会員数も、町内ごとに置かれている単位子ども会の組織数も、一九八〇年代前後をピークに減ってきている点を把握することができます。同時に、こうした傾向は名古屋市に限らず、全国的にも同じであります。実は名古屋市は、全国的にみると、かなり子ども会の活動が盛んであったのですが、そういった名古屋市においても現在、子ども会がかつてのような勢いはない状況です。

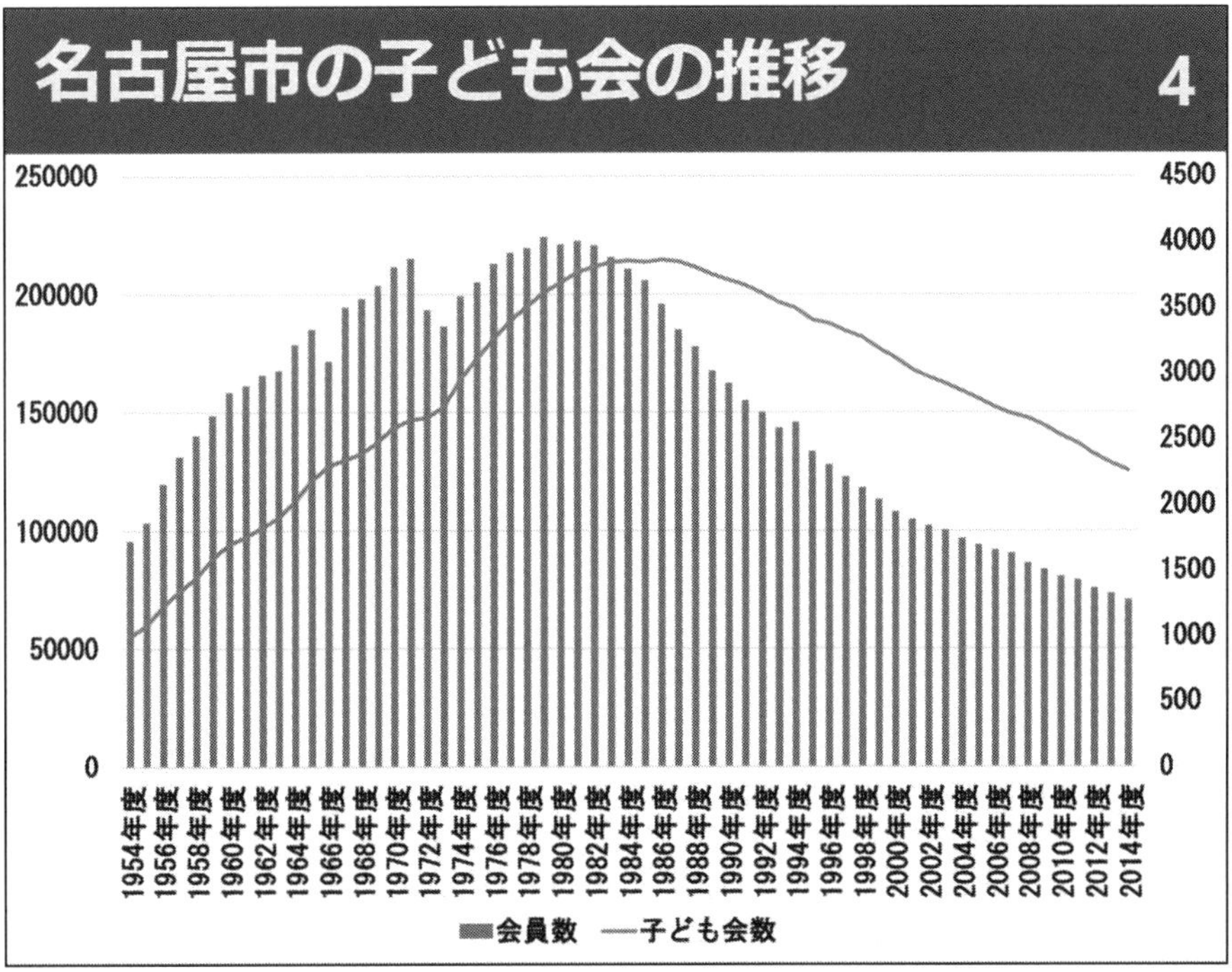

スライド１　名古屋市の子ども会の会員数と組織数

ここで、そもそも子ども会とは何かという点を、あらためて確認しておきます。子ども会に関する定義や整理は、すでに先行研究でなされていますが、今回はひとまず以下のかたちで整理しておきます。すなわち「同じエリアに居住する異年齢の子どもが任意で参加し、運営は保護者を中心に担い、定期・不定期の活動を通じてさまざまな参加者同士が学び合い、研鑽を積み、自己の成長を促すための組織」であります。ここにあるように、異年齢の子どもたちが子ども会を通じて学びあう、という点がひとつのポイントとなります。その活動は、たとえばキャンプやクリスマス会のような親睦・交流、あるいは廃品回収や環境美化やラジオ体操など、いろいろな活動に取り組んでいるということです。

2　子ども会の特徴

ここで子ども会の特徴を三点、整理しておきます。ひとつは「地域性が伴ってくる」ということで、子ども会にはエリアが必ずあります。○○町内会という単位ごとに子ども会が組織されているイメージです。ふたつめは「主に参加するのは小学生の子どもたち」という点です。中学生ももちろん子ども会に参加することはありますが、多くの場合にはジュニアリーダーとして子ども会をサポートする立場で関わることが多いのが実態です。三つめは、「子ども会ごとに活動内容や頻度は大きく異なる」という点です。先ほどもキャンプや廃品回収、クリスマス会に触れましたが、どういった活動や行事に取り組むのかは、子ども会ごとにさまざまです。

ここで自治会・町内会の特徴と照らし合わせて、子ども会の特徴を捉えてみたいと思います。学術研究においては、日高昭夫先生の整理に代表されるように（日高昭夫『市町村と地域自治会―「第三層の政府」のガバナンス』山梨ふるさと文庫、二〇〇三年、六〇～六八ページ参照）、自治会・町内会の特徴として、主に六点が整理されているかと思います。一点めは「個人単位での加入ではなく、世帯単位で加入する」という点です。二点めは「原則として自動加入」、すなわちその地域に住んだら自治会・町内会に入るのが当然という事情がこれまでは成り立ってきた点です。ただ、こうした自動加入・強制加入は、今日では難しくなってきているのは、みなさんもご存じのとおりです。

三点めは「包括的な機能、活動を担う」ということで、たとえば福祉だったら福祉、環境だったら環境だけではなく、環境も福祉も安心・安全も防災も親睦も、いろいろな活動を担うところに、自治会・町内会の特徴があります。四点めは「行政の補完機能・活動」ということで、行政との関わりが非常に深いという点です。場合によっては、言葉は悪いですが「下請け」「動員」みたいな関係がないわけでもない点は、これまで学術研究でも指摘されてきたことであります。

五点めは、「排他的な地域独占」という点で、これは活動エリアの重複がないことを意味します。ある地域に自治会・町内会がふたつ、重複して存在するということはないわけです。六点めは、こういった自治会・町内会が「全国で普遍的に存在」している点となります。もちろん、一部の例外はありますけれども、おおよそ全国のいずれの自治体にも、自治会・町内会が存在しています。

だいたい、このようなかたちで自治会・町内会の特徴が整理されてきました。そこで、この六つの特徴を子ども会に当てはめてみたいと思います。一点めですが、子ども会の場合には、世帯加入というよりは子どもたち自身が、あくまで個人として加入することになります。二点めについては、自動加入ではなく「任意で加入する」、すなわち子どもたち自身の判断で、子ども会に入るか入らないかを決めるということです。ただし、実際には親の勧めや周囲の友人が子ども会に入っているから、といった事情も影響しているかと思います。

三点めに関しては、包括的な活動というよりは、どちらかというと親睦・交流が中心かと思います。ただ、先ほど申し上げましたように、今でも廃品回収に取り組む子ども会も存在しますので、場合によっては包括的な捉え方ができるのかもしれません。四点めに関しては、行政との関わり合いのところで、もちろん子ども会として補助金や助成金を受けて活動する部分はありますが、組織の意向に沿って活動する部分が強いといえましょう。そのため、「下請け」や「動員」という事情は、少なくとも子どもたちに関しては、自治会・町内会のような状況とは異なるのではないでしょうか。

　五点めの地域的な重複がないという点につきましては、自治会・町内会と同様であり、子ども会に関しても、排他的な地域独占という性格が備わっています。六点めの全国で普遍的に存在しているという点も同様ですが、ただ先ほども触れたとおり、全国的に子ども会は今、休止・解散が広がっています。そのため、実際にはまだら模様のように、子ども会がある地域とない地域が併存している状況です。

3　子ども会をめぐる論点

　それでは、これから子ども会をどうしていけばよいのでしょうか。子ども会をめぐっては、さまざまな論点があります。あくまでも一般論ですが、論点のひとつめは、関係者の負担問題をどうするか、という点です。子ども会に関わっている育成者や保護者といった役員の負担をどうするのか。ただ、これは高橋先生のご研究にありますとおり、親の勤務状況が子ども会への関わり方に影響を与えているわけではないというご指摘もあります。そのため、負担問題に関しては、さまざまな角度から研究が要りそうです。ただ、一般論としては、子ども会の負担問題がよくいわれているわけで、これは自治会・町内会の役員負担問題とも共通しましょう。

　論点のふたつめは、こうした負担問題があるなかで、外部からの支援をどのように獲得していくのか、という点です。総務省が一五年ほど前に地縁組織とＮＰＯ法人の連携・協働を促すねらいで「地域協働体」構想を示したことがありますが、子ども会も同じようなことがいえます。しかし、実際には双方の連携・協働は必ずしも容易ではない事情もあり、その点を指摘する学術研究もあります。子ども会に関していうと、名古屋市はこうしたなかで、「子ども会活動アシストバンク事業」という新しい試みにも挑戦しており、ここに今後のひとつの可能性を見出せるのかもしれません。

論点の三つめは、これが一番重要だと思いますが、子ども会そのもののあり方をどのように捉え直すのか、という点であり、これが今まさに問われています。令和の時代に、(平成ではなく)昭和の時代のような運営を継続している子ども会も、ないわけではありません。また、何十年も前から変わらないのですが、どうしても一年交替で役員を回していきますので、結果として前任者と同様にそつなく役員業務をこなし、体質改善がなされない状況が続きます。そのまま、いつの間にか、一気に解散ないしは休止になってしまうという子ども会の状況が多数みられる状態です。こうしたなかで、子ども会そのものをどうしていったらいいのか。この点は、しっかりと考えなければならない。現在は、どちらかというと「問題の先送り」の状況になっていますので、いつまでも問題を先送りにせず、この論点について正面から考えなければならない時期に来ているかと思います。

ということで、自治会・町内会の問題とも共通する部分も多々ありますが、今回、このオンラインシンポジウムを通じて、子ども会の問題についてさまざまな角度から検討を深め、みなさんと今後のあり方を模索していければと思います。以上になります。ご清聴ありがとうございました。

3 基調講演「子ども会の『危機』はどこから来るのか？」

高橋征仁（山口大学教授）

1 子ども会に関わったきっかけ

山口大学の高橋と申します。今日はお招きいただきまして、本当にありがとうございます。まずは、私の自己紹介からはじめます。現在は、山口大学に勤めていますが、もともとの出身は山形県であり、東北大学で社会学の船津衛先生という方からご指導を受け、シンボリック相互作用論や自我論の研究をしていました。山口大学では社会心理学を中心に授業をしていますが、もともとのベースは社会学です。ただ、現在は進化心理学にかぶれていまして、「なぜ、こんなにいろいろな分野で、人はおとなしくなってしまったのだろうか」という問いですとか、「いろいろなリスクにビクビクしているのは、おそらく遺伝的な基礎が変わったためではないか」という仮説をもって、研究を進めています。

さて、子ども会の研究に取り組むようになったきっかけをお話しさせていただきます。私はふたりの子ど

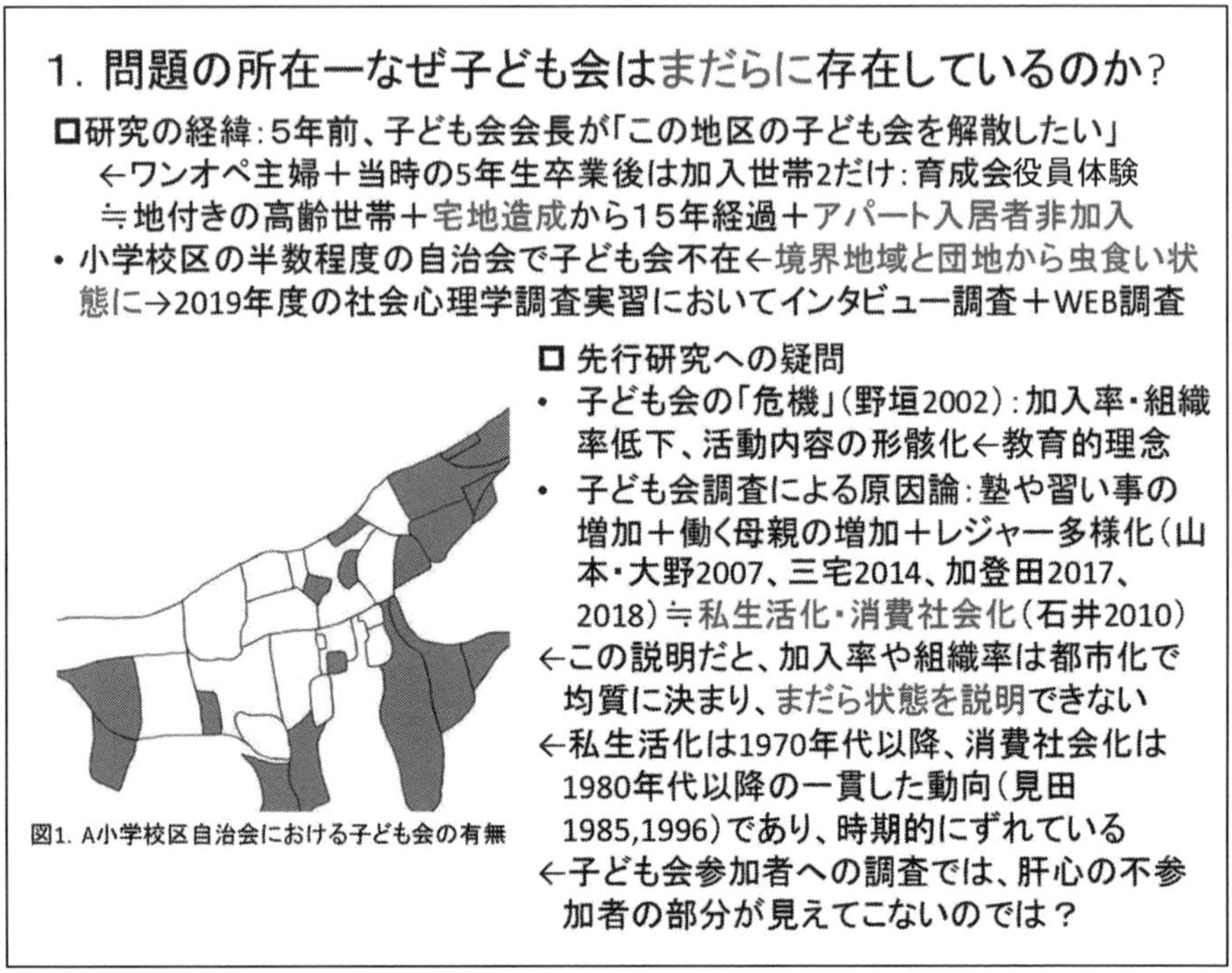
1. 問題の所在ーなぜ子ども会はまだらに存在しているのか？
□研究の経緯：5年前、子ども会会長が「この地区の子ども会を解散したい」
←ワンオペ主婦＋当時の5年生卒業後は加入世帯2だけ：育成会役員体験
≒地付きの高齢世帯＋宅地造成から15年経過＋アパート入居者非加入
・小学校区の半数程度の自治会で子ども会不在←境界地域と団地から虫食い状態に→2019年度の社会心理学調査実習においてインタビュー調査＋WEB調査
□ 先行研究への疑問
・ 子ども会の「危機」（野垣2002）：加入率・組織率低下、活動内容の形骸化←教育的理念
・ 子ども会調査による原因論：塾や習い事の増加＋働く母親の増加＋レジャー多様化（山本・大野2007、三宅2014、加登田2017、2018）≒私生活化・消費社会化（石井2010）
←この説明だと、加入率や組織率は都市化で均質に決まり、まだら状態を説明できない
←私生活化は1970年代以降、消費社会化は1980年代以降の一貫した動向（見田1985,1996）であり、時期的にずれている
←子ども会参加者への調査では、肝心の不参加者の部分が見えてこないのでは？
図1. A小学校区自治会における子ども会の有無

スライド２　問題の所在

もを育ててきました。今から七年前ぐらいに、当時は近所の六年生のお母さんが子ども会の会長をやられていて、「この地区の子ども会を解散したい」という話が出たのです。この子ども会の会長をされていたお母さんは、ご主人は仕事の関係で忙しく、家事育児をおひとりでやり繰りされている主婦の方でした。彼女は六年生のお母さんでしたけれども、私の息子は当時五年生で、この五年生たちが卒業してしまうと、加入世帯が二軒だけになってしまうという話も聞きました。私の住む地区（単位子ども会の範囲）は六〇〜七〇軒ぐらいの家があったので「なぜ？」と思って調べたところ、ほとんどが地付きの高齢世帯でした。私のように宅地造成で移ってきた人たちでも、宅地造成から一五年ぐらい経つと子どもが一

斉にいなくなる。ほかには、大学の周辺ですので学生アパートもありますし、世帯用の賃貸アパートもたくさんありますが、そこの人たちは子ども会に加入していないという話を聞いたわけです。結局、その年度は「子ども会を解散しないで、一年間だけ頑張ろう」という話になり、私も育成会の役員に就きました。

こうした体験をしていろいろ分かったことがあったので、「この地域の子ども会がどうなっているか」と思って、学生の調査実習を兼ねていろいろ調べはじめました。**スライド2**の左下にあるのが、山口大学周辺の地域で、この小学校区には、真ん中に小学校とコミュニティセンターがあります。この中心部は子ども会がある地区が多いですが（白抜き）、小学校区の端の地域は子ども会がなくなっており（濃色）、とりわけ団地で造成された地域は虫食い状態で子ども会がなくなっていることに気付いたわけです。

2　先行研究と問題関心

私は、子ども会に関する先行研究をいろいろ調べてみましたが、結局、教育社会学における、いわゆる「子ども組」に関する歴史研究がほとんどでした。実態調査も、ベースとしては、子ども会連合会の観点から、子ども会活動の理念を掲げて、現状を批判するような議論が多かったのです。そのなかで議論されていたのは、塾や習い事などで子どもも忙しくなり、働く母親も増えたから、子ども会の参加者が減ってレジャーも多様化している、という議論でした。

これは、社会学では、昔から伝統的にいわれてきた「私生活化論」とか「消費社会化論」の流れにのっとった議論です。でも、そうすると、子ども会の加入率は、都市部からどんどん下がっていくはずです。また、新しい都市的な生活様式のなかで廃れていくのなら、こんなまだらな状態にはならないはずです。このように不思議に思って、子ども会に関する研究をはじめたわけです。しかも、よく考えると「私生活化論」は一九七〇年代以降、見田宗介先生たちがはじめた議論ですし、「消費社会化論」も一九八〇年代以降の議論で、子ども会の減少と時期的にずれています。というのも、子ども会が減っていくのは二〇〇〇年以降だからです。

しかも、こういった議論のエビデンスになっているデータは、子ども会に来ているお母さんたちのインタビュー調査、子ども会参加者へのアンケート調査が中心でした。あるいは、子ども会のリーダー、育成会をやっている人たちへのアンケート調査をベースにしています。つまり、肝心の「子ども会に入っていない人」の声は全然聞こえないわけです。子ども会を辞めた人は当然ながら存在しますし、そもそも入っていない人もいます。「なんで入っていないのか」「どういう人が入っていないのか」という実相が、どうもみえないと思ったわけです。

3　子ども会の変容

まず具体的に、子ども会がどう変わってきたかを、全体のデータでみると、子ども会は戦後の組織として一九七〇年代に急成長していきます。私もちょうどその頃、子どもだったわけですけれども。一九八六年ごろ、団塊ジュニア世代がピークで、比較的新しい組織なわけです。もちろん、これは地域のなかに「子ども組」のような、子ども同士の親睦組織がなかったかというと、そうではないと思います。おそらく全子連（公益社団法人全国子ども会連合会）という全国的な組織で、保険をカバーするようになり、それが一九七〇年代以降に浸透したということだと思います。

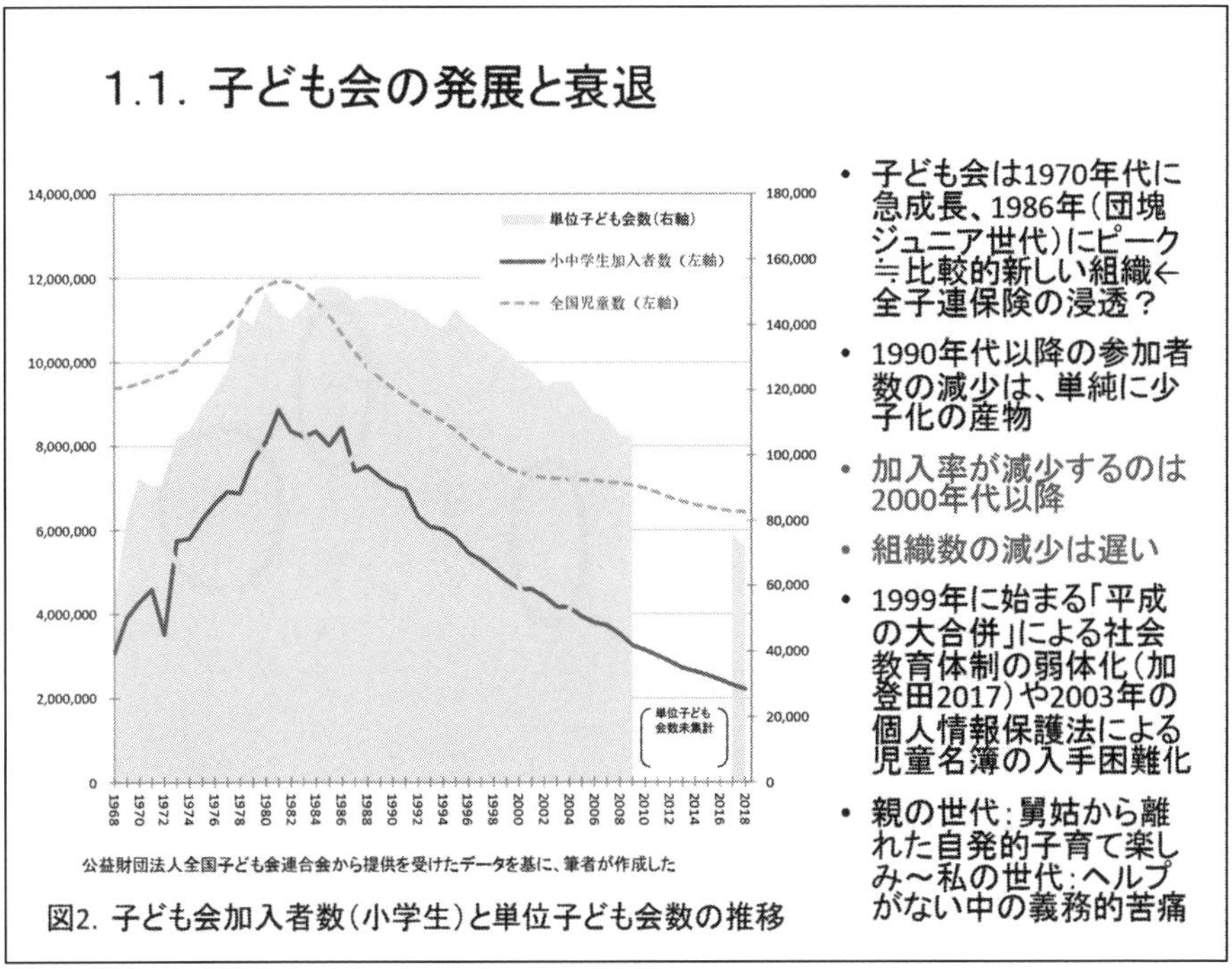
1.1. 子ども会の発展と衰退
単位子ども会数（右軸）
小中学生加入者数（左軸）
全国児童数（左軸）
単位子ども会数未集計
公益財団法人全国子ども会連合会から提供を受けたデータを基に、筆者が作成した
図2. 子ども会加入者数（小学生）と単位子ども会数の推移
• 子ども会は1970年代に急成長、1986年（団塊ジュニア世代）にピーク≒比較的新しい組織←全子連保険の浸透？
• 1990年代以降の参加者数の減少は、単純に少子化の産物
• 加入率が減少するのは2000年代以降
• 組織数の減少は遅い
• 1999年に始まる「平成の大合併」による社会教育体制の弱体化（加登田2017）や2003年の個人情報保護法による児童名簿の入手困難化
• 親の世代：舅姑から離れた自発的子育て楽しみ～私の世代：ヘルプがない中の義務的苦痛

スライド３　子ども会の発展と衰退

スライド３の一番左側が急成長で、その後がピークになるわけです。ただ、一九九〇年代以降の参加者が減少しているとはいっても、これは児童数が減っているのとほぼ平行なので、単純に少子化だと思います。ところが、二〇〇〇年以降は、児童数の減少はやや収まりますが、子ども会の会員数の減少はさらに加速していくような状態になるわけです。そうなると、おそらく別の原因があるのではないか、と考えられます。山口県立大学で学長をされていた加登田恵子先生は、「平成の大合併によって、社会教育関係の担当者が減少したのではないか」という話をしていました。また、二〇〇三年の個人情報保護法の制定で、「子ども会の勧誘のときに使う児童の名簿が、手

に入らなくなったのが大きい」と話す子ども会の役員の方もいらっしゃいました。スライド3のうち、組織の数は棒グラフの太い部分で、つながって山のようになっている部分ですけれども、それはやや遅れて減少するわけです。全体としてみても、いろいろな紆余曲折がありそうだということを感じていました。

自分の体験として、一九七〇年代の子ども会を思い出すと、決して嫌々ではなくて、親たちは喜んで活動を行なっていたように思います。それは、たぶん舅・姑から離れて、自分たちで子どもの面倒をみるということが楽しかったのでしょう。私が子どものときは、地元の山形県では、子どもたちを車で蔵王温泉や山寺へ連れていくようなことをよくやっていました。親たちからすると、それは普段とは異なる子育てで楽しいし、同世代でお酒を飲んだりするのも楽しかったのだと思います。

それに比べて、私も数年前に子ども会の会長をやりましたが、そのときの私たちがどうだったかというと、お互い支援がないなかで、義務的に子ども会関連業務の処理に苦痛を味わうことになります。「これを明日までに整理しないといけないのか」とか、「来週の休みはこれでつぶれるのか」といったかたちで体験したわけです。こういう質的な変化が本当はすごく大事だと思いますが、今みてきたのは、全体としての量の変化です。

先ほど、「ひとつの小学校区内でも虫食いになっている」というお話をしましたが、都道府県ごとのデータを整理したらびっくりしました。そもそも、都道府県ごとに子ども会の加入率が全然ちがうのですよね。**スライド4**のうち、都道府県ごとの左側の棒グラフが、二〇〇五年時点の加入率です。まず、県レベルより上のブロック単位で、たとえば中部地域と北関東地域、あるいは南九州は比較的子ども会活動が活発でした。逆に、都市部、東京都、千葉県などは元々、子ども会加入率が低かったわけです。また、別に都市部ではなくても、沖縄県や愛媛県、高知県など、元々、子ども会加入率が低いところ、組織化がうまくいかなかった

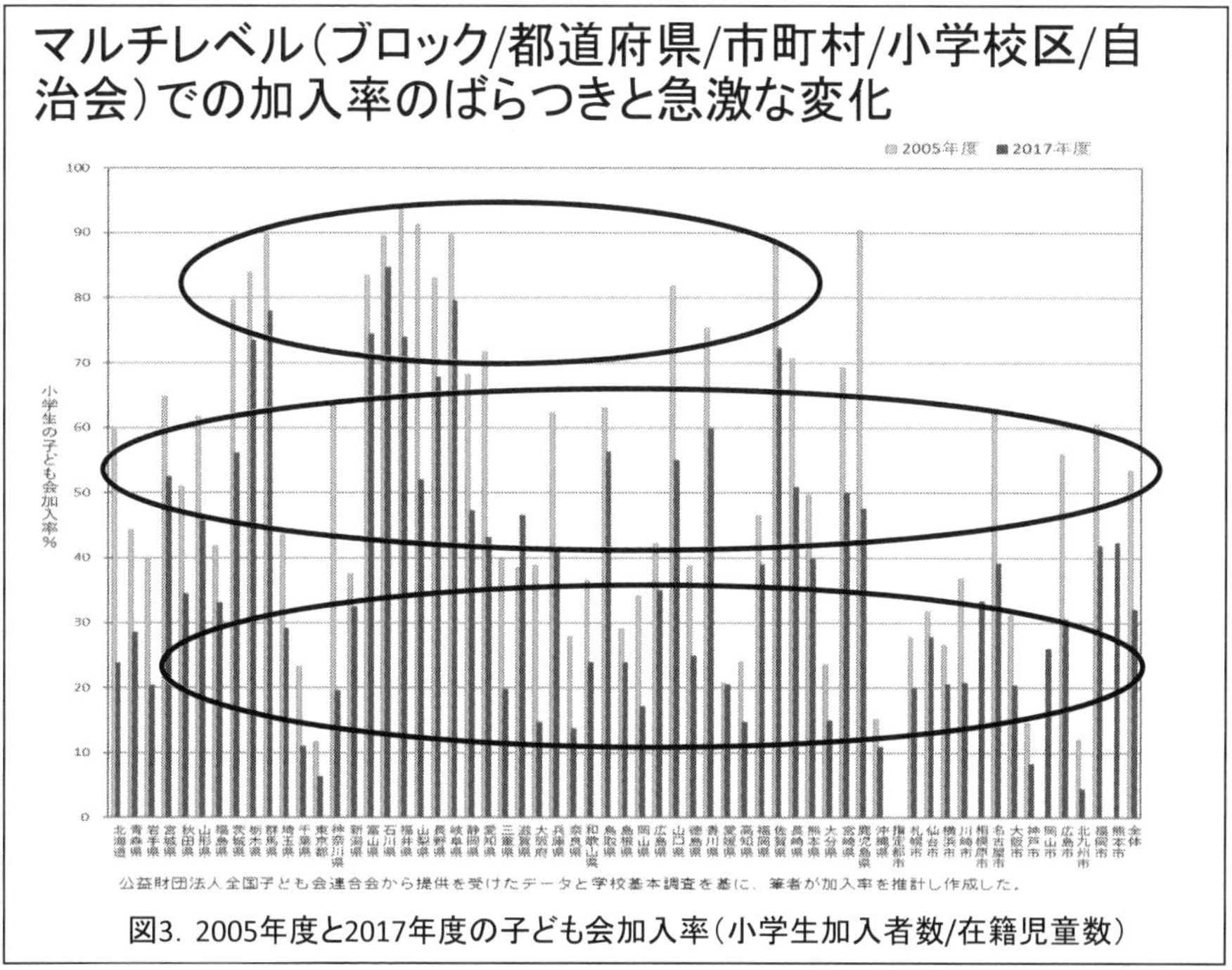
マルチレベル（ブロック/都道府県/市町村/小学校区/自治会）での加入率のばらつきと急激な変化
2005年度　2017年度
小学生の子ども会加入率％
公益財団法人全国子ども会連合会から提供を受けたデータと学校基本調査を基に、筆者が加入率を推計し作成した。
図3. 2005年度と2017年度の子ども会加入率（小学生加入者数/在籍児童数）

スライド４　加入率のばらつきと急激な変化

ところもあるみたいです。北九州市も、子ども会加入率が低い状態です。あるいは、京都市はリストにも載っておらず、組織化されていないようでした。

さらに、これが一二年ほど経過した二〇一七年時点で、だいたい二〇％から、場合によっては四〇％ぐらいまで子ども会加入率が落ちているところがあり、急激に減っていることが分かります。元々、九〇％ぐらいの子ども会加入率があった都道府県は、減ったとはいえ七割ぐらいは維持しているところもあるわけです。他方、元々２～３割という子ども会加入率の都道府県は、一割程度しか減っておらず、まだ残っている部分もあります。スライド４の真ん中のあたりの六〇～七〇％という子ども会加入率の都道府県は、三〇～

四〇%台にまで落ち込んでいます。

こういうのをみると、子ども会加入率が高い方で安定している場合と、低い方で安定している場合と、どうも二極分化している気がしたわけです。このことから、単に初期値、最初の状態がちがうというだけではなくて、落ち着きやすい地点、高次で八割ぐらいの地点でキープする、あるいは逆に二割ぐらいでなんとかもちこたえるというように、止まりやすい地点があるのではないかと感じました。

4 子ども会の危機

通常、「子ども会の危機」といえば、市町村または県のレベルで「加入者が少なくなった」という話にすぐなると思いますが、それは子ども会連合会の立場からみた場合の量的な話です。しかし、子ども会に携わった立場をふまえ、子ども会内部で聞いている話からいうと、「子ども会の危機」を量的に捉えるだけでは不十分だと思います。

ここで、具体的に「子ども会の危機とは何か」を考えてみましょう（**スライド5**）。私もこれまで、さまざまなインタビュー調査も実施しましたが、今日は話が長くなるので、中国新聞に載っていた、子ども会についての賛成・反対の意見を取り上げてみます。比較的バランス良く抽出していると思います。

これをみると、加入率だけの問題ではなくて、「子ども会行事だけなら、そこまで負担ではないが、育成協議会の業務が大変」「スポーツの大会や文化祭を学区だけで対応してほしい」などの意見がみられます。もちろん、中国新聞に掲載されていた内容なので、これらは広島県内の意見です。ポイントは、子ども会が二

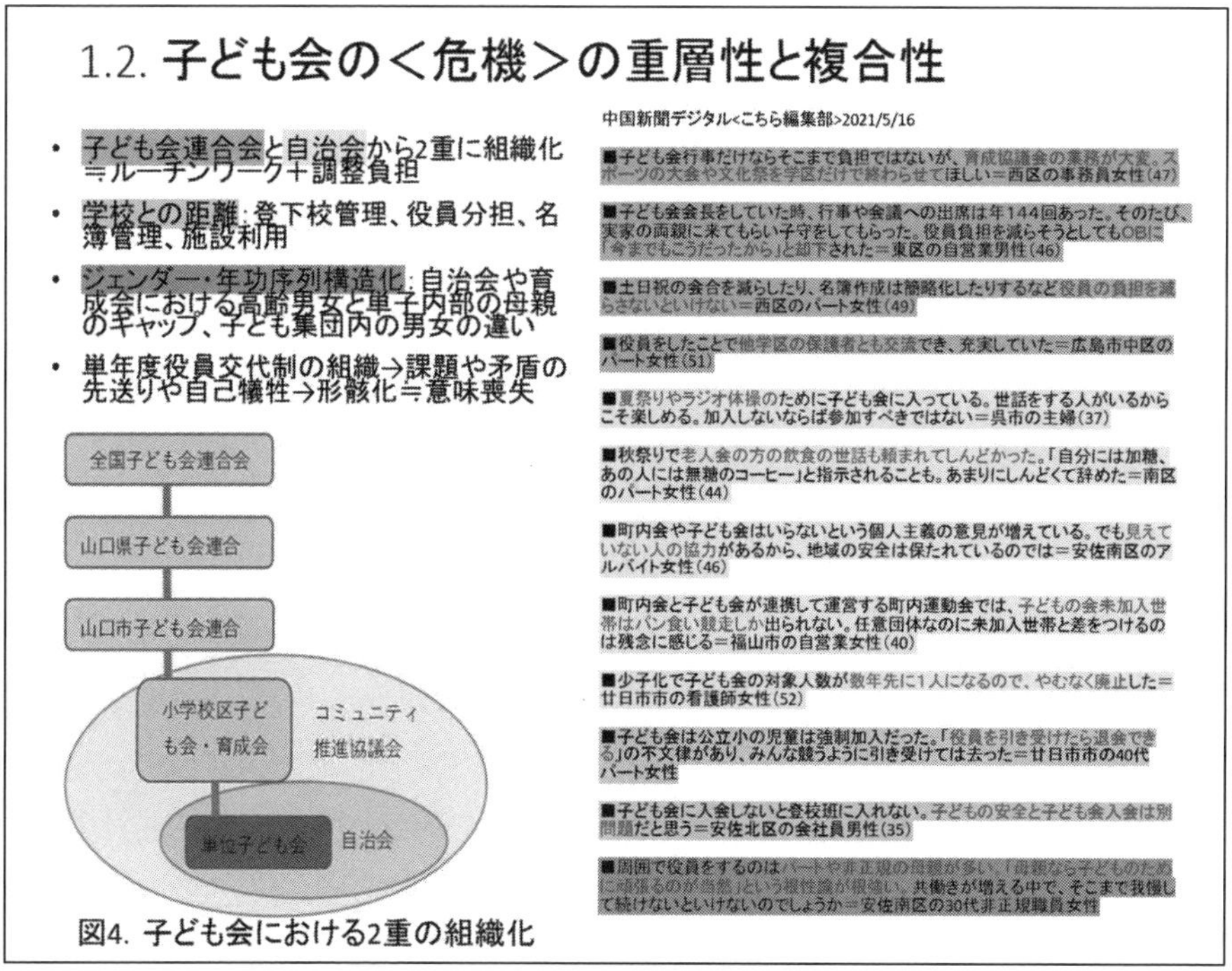
1.2. 子ども会の＜危機＞の重層性と複合性
• 子ども会連合会と自治会から2重に組織化≒ルーチンワーク＋調整負担
• 学校との距離：登下校管理、役員分担、名簿管理、施設利用
• ジェンダー・年功序列構造化：自治会や育成会における高齢男女と単子内部の母親のギャップ、子ども集団内の男女の違い
• 単年度役員交代制の組織→課題や矛盾の先送りや自己犠牲→形骸化≒意味喪失
全国子ども会連合会
山口県子ども会連合
山口市子ども会連合
小学校区子ども会・育成会
コミュニティ推進協議会
単位子ども会
自治会
図4. 子ども会における2重の組織化
中国新聞デジタル<こちら編集部>2021/5/16
■子ども会行事だけならそこまで負担ではないが、育成協議会の業務が大変。スポーツの大会や文化祭を学区だけで終わらせてほしい＝西区の事務員女性(47)
■子ども会会長をしていた時、行事や会議への出席は年144回あった。そのたび、実家の両親に来てもらい子守をしてもらった。役員負担を減らそうとしてもOBに「今までもこうだったから」と却下された＝東区の自営業男性(46)
■土日祝の会合を減らしたり、名簿作成は簡略化したりするなど役員の負担を減らさないといけない＝西区のパート女性(49)
■役員をしたことで他学区の保護者とも交流でき、充実していた＝広島市中区のパート女性(51)
■夏祭りやラジオ体操のために子ども会に入っている。世話をする人がいるからこそ楽しめる。加入しないならば参加すべきではない＝呉市の主婦(37)
■秋祭りで老人会の方の飲食の世話も頼まれてしんどかった。「自分には加糖、あの人には無糖のコーヒー」と指示されることも。あまりにしんどくて辞めた＝南区のパート女性(44)
■町内会や子ども会はいらないという個人主義の意見が増えている。でも見えていない人の協力があるから、地域の安全は保たれているのでは＝安佐南区のアルバイト女性(46)
■町内会と子ども会が連携して運営する町内運動会では、子どもの会未加入世帯はパン食い競走しか出られない。任意団体なのに未加入世帯と差をつけるのは残念に感じる＝福山市の自営業女性(40)
■少子化で子ども会の対象人数が数年先に1人になるので、やむなく廃止した＝廿日市市の看護師女性(52)
■子ども会は公立小の児童は強制加入だった。「役員を引き受けたら退会できる」の不文律があり、みんな競うように引き受けては去った＝廿日市市の40代パート女性
■子ども会に入会しないと登校班に入れない。子どもの安全と子ども会入会は別問題だと思う＝安佐北区の会社員男性(35)
■周囲で役員をするのは
共働きが増える中で、そこまで我慢して続けないといけないのでしょうか＝安佐南区の30代非正規職員女性

スライド５　子ども会の〈危機〉の重層性と複合性

重に組織化されていて、イベントの内容によっては、スポーツ大会や文化祭、リーダー育成、そういった話が子ども会連合会の系譜（全子連〜市子連）で降りてくる点です。

それに対して、毎月のお楽しみ会や歓送迎会、クリスマス会は、多くの場合に自治会レベルの単位子ども会で行なわれます。さらに、小学校区のお祭りやバザー、地区運動会、そういった類いのものは小学校区の子ども会、親が参加している部分は、育成会といいますが、その育成会が事実上運営しているわけです。ですから、基本的には子ども会連合会と自治会から二重に組織化されていて、その都度、「誰と調整しないといけないか」という話になります。また、子ども会の役員は事実

上、ただの駒というか、その年度限りの使い捨ての駒で、それに対していろいろなリクエストがやってきます。そのいろいろな調整を、各自治会や小学校区の地域コミュニティ、小学校区の子ども会とやるのが大きな仕事になっています。

もうひとつ、今回の研究テーマではないですが、学校として、子ども会とどういう関係を作って、どういう距離を保っているか、というのは、実はバラバラで、まったく一貫性がないです。事実上、名簿らしきものを渡しているところもあれば、子ども会の単位を基本にして登下校の班分けをやっているところもあります。ただ、まったく何も関係はなく、お互いにできるだけ関係を切り離そうとしているのが、最近の傾向だと思います。ＰＴＡの役員と子ども会の役員をどうするかというのも、お互いに干渉しないとするところがあるし、学校の施設を子ども会のために利用解放してくれるところと、してくれないところもあります。

子ども会に対する意見については、お母さん方の側に多いですけれども、そのなかにあるのは、自治会なり子ども会が、旧態依然のジェンダー構造、年功序列の構造になっている、という内容です。それが長年にわたり変わらず、ひどい状態が続いているという話が、たくさん再生産されている。特に、私が育成会の役員を担当して感じたのは、山口県だけかもしれませんが、単位子ども会はほぼお母さんが出てきて、月ごとのイベントはほぼお母さん方が対応していた点です。だけれども、上の組織にいくと、ほぼお父さん方というか、年長の男性が仕切っている状態で、そのなかの価値観や行動様式のギャップが非常に大きい。そのため、お母さん方が不満を抱えたまま、1年間を我慢するという構造になっています。もちろん、単位子ども会ごとに「おやじの会」がある場合もありますが、基本的に「おやじの会」はコミュニティ全体の範囲にあって、小学校の運動会には出てくる感じです。

さらに、子ども会の遊びの内容も、たとえば上の組織でやるのはキャンプやスポーツ大会など外遊び的な男の子用が多いですけれども、単位子ども会でやるのはホームパーティやお楽しみ会みたいな、女児向けの活動になっていることが多い。そのあたりも、一年生から六年生まで、学年がちがうと相当遊びもちがいますし、性別のちがいも大きいので、誰にどういうかたちでターゲットを合わせるのかというのは、非常に難しい問題だと思います。

その背後にあるのが、一年限りの役員交代制の組織では、課題や矛盾を解決できず、先送りした方がコストは低いので、とりあえず自分が一年間我慢して先送りしてしまうという実態です。そのような我慢の構造が続いて、何か改善するとしても、負担だった業務を減らすという軽量化の作戦しかとれない。いわば、抜本的な改革ができない状況です。そうすると、形骸化がどんどん進んでいって、活動の意味が消失してしまう。それが、今の子ども会の現状に近いのかなと思います。

5　子ども会の現状理解

そういう観点から判断すると、「私生活化論」や「消費社会化論」にのっとって、子ども会の衰退原因を求める場合、実は時期もずれているし、エビデンスもあまりない。また、自治体ごとの加入率のばらつきや急激な変化、均衡点があるという実態、宅地造成で住民が入れ替わるとものすごく状況が変化する点、などがうまく説明できないのではないか、と思いました。そこで、子ども会の現状を理解するためには、**スライド6**のように、ふたつの方針変更が必要ではないでしょうか。

1.3.子ども会の＜危機＞再考への分析枠組み
―社会的ジレンマとしての子ども会問題

- 私事化・消費社会化原因説に対する疑念：①時期のズレ、②エビデンスの不在、③自治体レベルごとに加入率のばらつき、④急激な変化と均衡点、⑤宅地造成や住民の入れ替わり、⑥コミュニティや自治会への帰属意識、⑦世代間・男女間ギャップ、⑧単年度役員交代制

→子ども会の現状を理解し問題解決を図るには、2つの方針変更が必要では？

1）子どもの健全育成を理念的柱とした子ども会連合会の視点からではなく、自治会や地域コミュニティとの協力連携や対立葛藤の局面を明らかにする必要

2）共同性=善/個別性=悪という単純な道徳2元論の発想ではなく、状況次第で社会的協力/非協力という選択肢を変更する個々人の力学とその社会的連鎖を説明する必要←エゴイズムに問題を帰属させても、問題解決にはならない！

≒「社会的ジレンマ」（Dawes 1980、海野2021）としての子ども会問題：個々人にとっては非協力の選択肢が有利であるが、全員非協力ならば、すべての人にとって望ましくない状態がもたらされる

役員や参加者によるイベントや年中行事の負担

<<<同じ地域内の親子の顔や名前を知らないことによるリスクや不安

スライド６　子ども会の〈危機〉再考への分析枠組み

第一は、子ども会として、「子どもの健全育成」を謳うのはいいし、基本的には正しいと思いますが、それを全面的に押し出すのでは、何も解決策が出てこないのではないか、という点です。むしろ、子ども会と自治会やコミュニティとの協力・連携の可能性、あるいは対立・葛藤の解消といった内容に焦点を合わせないと、お母さんやお父さん方の負担感や抱えている問題は、おそらく解決しないでしょう。

第二は、「共同性が善」で「個別性が悪」だという、単純に道徳的二元論から社会学者は物事を考えがちですが、どうもそうではなくて、状況しだいで人は協力したり非協力したりという選択肢を変更するので、そこにどんな力学が働いているのか、あるいはそ

れがどんな風に連鎖していくのか、ということの説明が必要だという点です。単にエゴイズムというかたちで問題を帰属させても、良い悪いという話になるだけで、何も現状が変わりません。むしろ、協力する方がずっと我慢するというかたちになってしまっているわけです。ですから、「社会的ジレンマ」として子ども会の問題を理解して、要するに個々人のレベルでは協力しなかった方が得なことは確かである点を認識することが重要です。だけど、全員が非協力的な立場を取ると、子ども会がない世界、あるいは自治会がない世界が発生します。地域、生活にとって、それが本当にいいのか、どうなるのか、そのことを意識化する必要があるでしょう。ですから、役員や参加者がイベントや年中行事をいろいろなかたちで負担していることよりも、同じ地域内の親子の顔や名前を知らない地域社会ができあがってしまう。そこに発生するリスクや不安の方が、本当は負担として大きいのではないか。このことを、誰がどういうかたちで負担するか、という問題として考え直そうと思ったわけです。

6　ウェブアンケートの実施

以上をふまえ、子ども会に参加している人と参加していない人で、基本的には比較する調査設計が必要ではないかと思いました。ウェブアンケートは今、以前に比べて簡単にできますので、**スライド7**のように、ウェブアンケートを使って、とりあえず子ども会について聞いてみようと考えたわけです。「塾や習い事で子どもが忙しい」「働く母親が増えた」「趣味やレジャーは多様化した」「子どもたちはスマホゲームで遊ぶ」など、いろいろな事情があります。こうしたなかで、子ども会の役割が希薄になったというのは分かりますが、こう

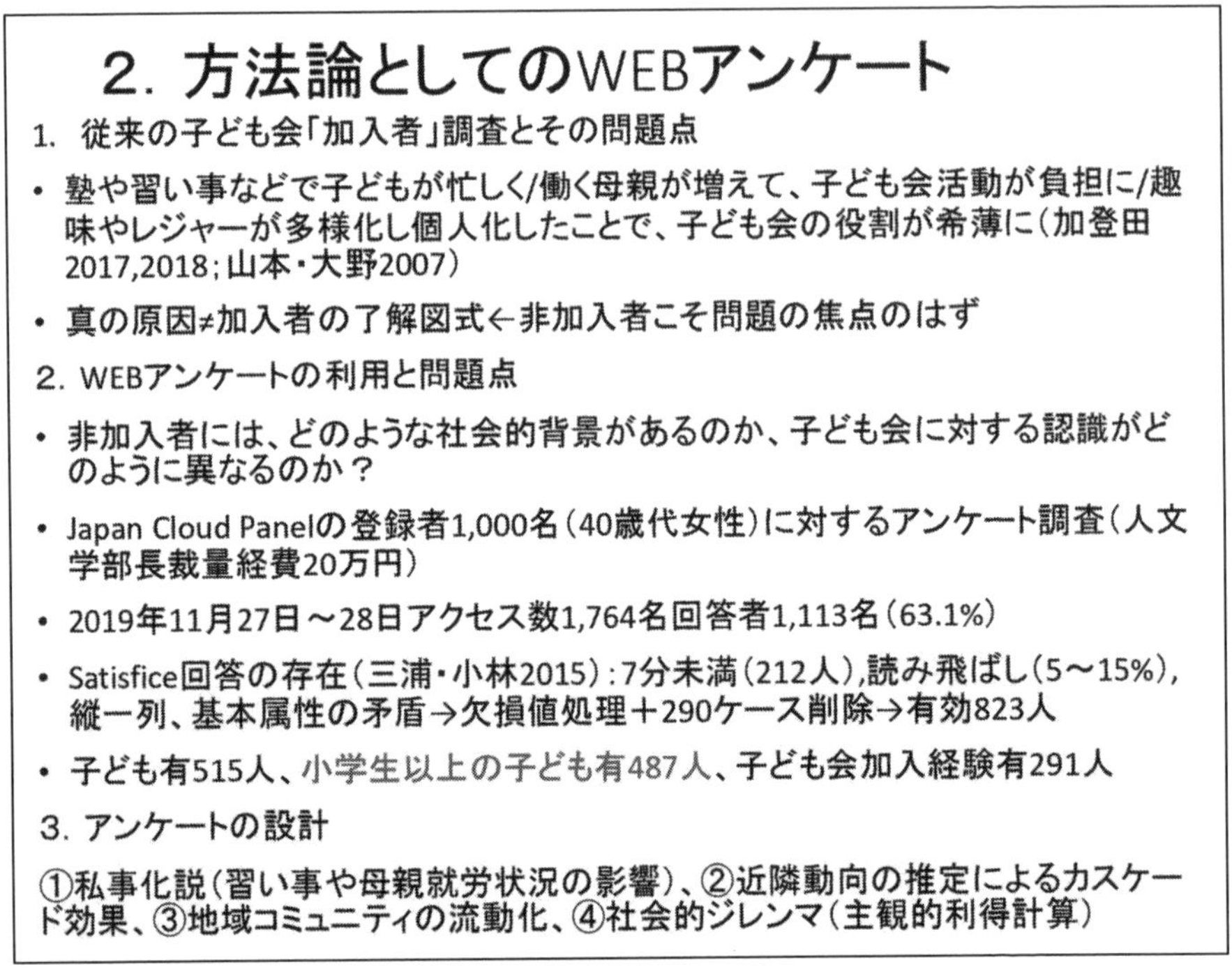
2．方法論としてのWEBアンケート
1. 従来の子ども会「加入者」調査とその問題点
• 塾や習い事などで子どもが忙しく/働く母親が増えて、子ども会活動が負担に/趣味やレジャーが多様化し個人化したことで、子ども会の役割が希薄に（加登田2017,2018；山本・大野2007）
• 真の原因≠加入者の了解図式←非加入者こそ問題の焦点のはず
2. WEBアンケートの利用と問題点
• 非加入者には、どのような社会的背景があるのか、子ども会に対する認識がどのように異なるのか？
• Japan Cloud Panelの登録者1,000名（40歳代女性）に対するアンケート調査（人文学部長裁量経費20万円）
• 2019年11月27日～28日アクセス数1,764名回答者1,113名（63.1%）
• Satisfice回答の存在（三浦・小林2015）：7分未満（212人），読み飛ばし（5～15%），縦一列、基本属性の矛盾→欠損値処理＋290ケース削除→有効823人
• 子ども有515人、小学生以上の子ども有487人、子ども会加入経験有291人
3. アンケートの設計
①私事化説（習い事や母親就労状況の影響）、②近隣動向の推定によるカスケード効果、③地域コミュニティの流動化、④社会的ジレンマ（主観的利得計算）

スライド７　方法論としてのＷＥＢアンケート

した事情を抱えるグループから希薄化しているのかというと、どうもそうではないようです。

当事者たちが「仕事で忙しくて行けません」とか「辞めます」とか、そういう言い訳を使うということと、本当の理由とでは、別なのではないかと思ったわけです。子ども会の非加入者の本当の理由は、果たして何なのだろうかと。そういう非加入者をつかまえるうえで、ウェブアンケートというのは便利だなと思ったわけです。ただ、今回使用したのは、Questantというアンケートアプリで利用できるJapan Cloud Panelのモニター登録者ですけれども、これは「一〇〇〇名」「四〇歳女性」という具合で、性別と年代でしか指定できませんでした。結果は、アク

セス数は一七六四名、回答は一一一三件ほどありました。

このようなアンケートで注意が要るのは、Satisfice といって手抜き回答、できるだけ簡単に早く終わらせて、モニターとしてのポイントだけを稼ごうとする回答者の存在です。そこで、回答時間が七分未満の人は、データを使いませんでした。また、読み飛ばししている人を省くねらいで、「この文章を読んでいる人は、必ず『大いにそう思う』にチェックしてください」という設問を途中で入れておいて、その指示に従っていない人も削除しました。

こうした対応の結果、八二三件を有効回答にしたのですけれども、実は対象者のなかには「子どもあり」の人が意外と少なくて、小学生以上の子どもがいるのは四八七名でした。そのなかで、「子ども会参加経験あり」という方は二九一名でした。アンケートとしては、「私生活化論」の影響が本当かどうかを確かめる内容と、近隣動向をたずねる内容などを入れました。というのも、「子ども会に参加してもらえませんか？」というお誘いがきて、保護者として一番気にするのは、「周りの人が入っているかどうか」だと思うからです。私としては、むしろ「それだけが判断基準である」といっていいぐらい、一番気にする点であると思います。あとは、「地域コミュニティがどれだけ流動化している地域なのか」「社会的ジレンマとして子ども会に入ることでどういう利益があったり、どういう損があったりしていると当人たちが判断しているのか」といった内容も、質問項目として入れました。

7　ウェブアンケートからみえてきたこと

調査結果をみてみましょう（スライド8）。

まず、子ども会に加えて、ＰＴＡや自治会などいろいろな参加経験と役員経験を同時に聞いていますが、団体に非加入の方を「加入経験がない人」「地域内に団体はないと言っている人」「団体があるかどうかを知らない人」の三種類に分けました。子ども会の参加者は四三％でした。これは、先ほどみた全国の子ども会ベースでの加入率が三割の加入率ですから、そこからみるとかなり高いといえます。もちろん、これは「子ども会のアンケート」と銘打って募集したので、加入している人が多く答えたということが原因であると考えられます。もうひとつ重要なのは、未加入者は二一％だけれども、「地域内に団体はないと言っている人」あるいは「団体があるかどうか知らない人」を合わせると三四％いる。三割が実は子ども会があるかどうか分からない、参加機会自体がないということですよね。

ＰＴＡはほぼほぼみんな参加しているわけですし、自治会も七割は参加している。もちろん、お金を払って会報や市報が回ってくるだけというかたちになっていたりしますから、なかには参加していることに気付いていない人もいるとは思います。ただ、自治会参加と子ども会参加は非常に関係していて、「自治会に参加している人」の場合に「子ども会に参加している人」は五三％、不参加の場合は一割になっている。自治会ベースで子ども会がうごいていることは間違いないわけです。実際に、子ども会がどんなイベントをやっていて、イベント経験を母親の場合と子どもの経験率とで把握してみますと、ラジオ体操や研修旅行、キャンプ、地域の祭りの参加、あるいはキャンプも含むスポーツ大会は、母親と子どもという事情もあって、割合が大幅

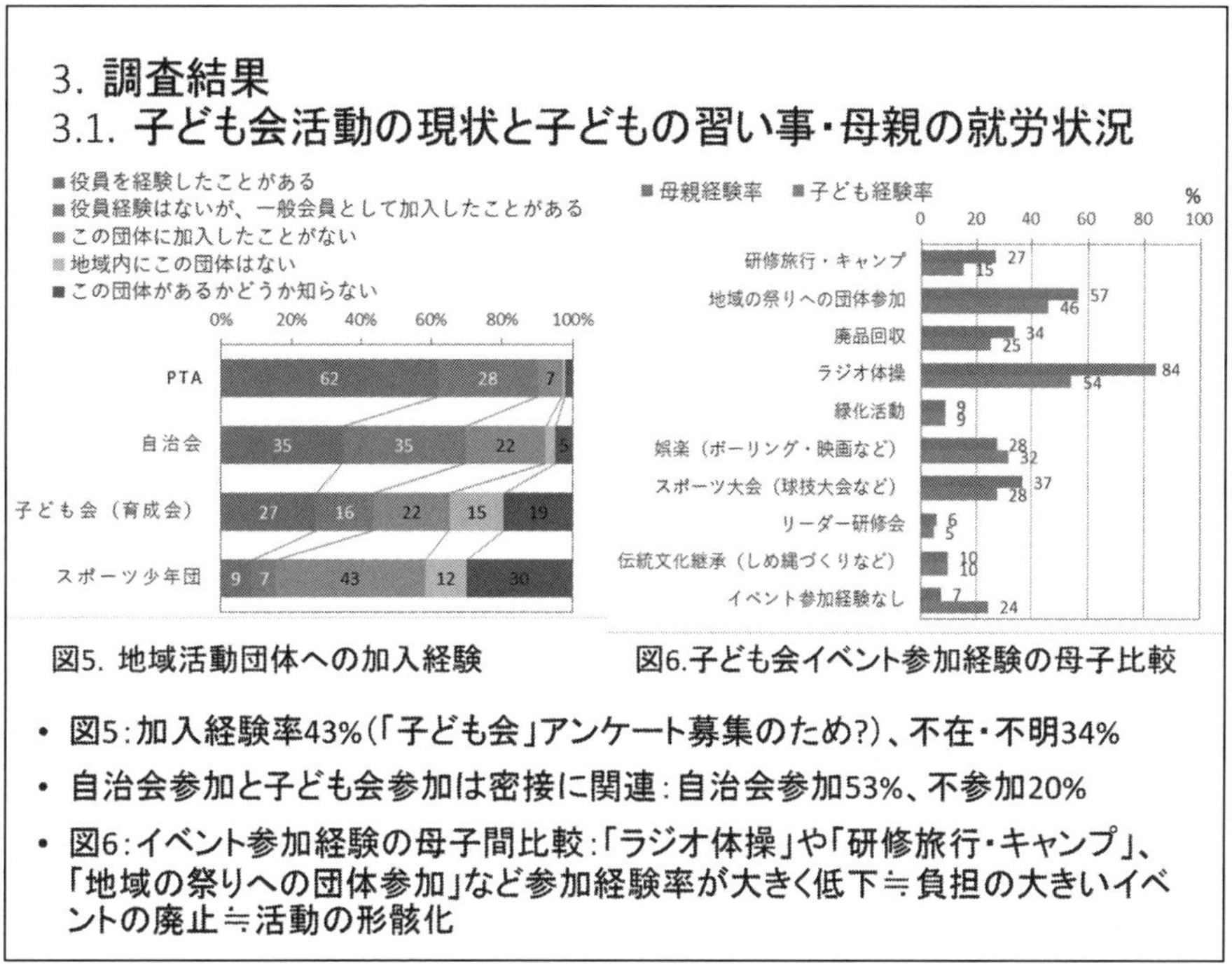

スライド８　調査結果

に減少しているわけです。おそらく、負担の大きいイベントから廃止されている。そのことが、子ども会の活動の形骸化、あるいは子ども会の存在意義の喪失につながっていると思います。

次に、習い事が実際に子ども会活動に影響しているかをみると（スライド９）、子どもの習い事の経験数は平均が二・三七個で、母親の子ども時代の回答が二・二一個だったので、増減はそれほど大きくはない。子ども会の加入・非加入で習い事率に有意な差がみられたのは、書道や柔剣道であり、こういったものは地元に密着した習い事なので、実は習い事をしている方が参加率・加入率は高いことになります。

逆に、そうではない英会話や通信添削、これらはいわゆる教育社会学でいう「ブ

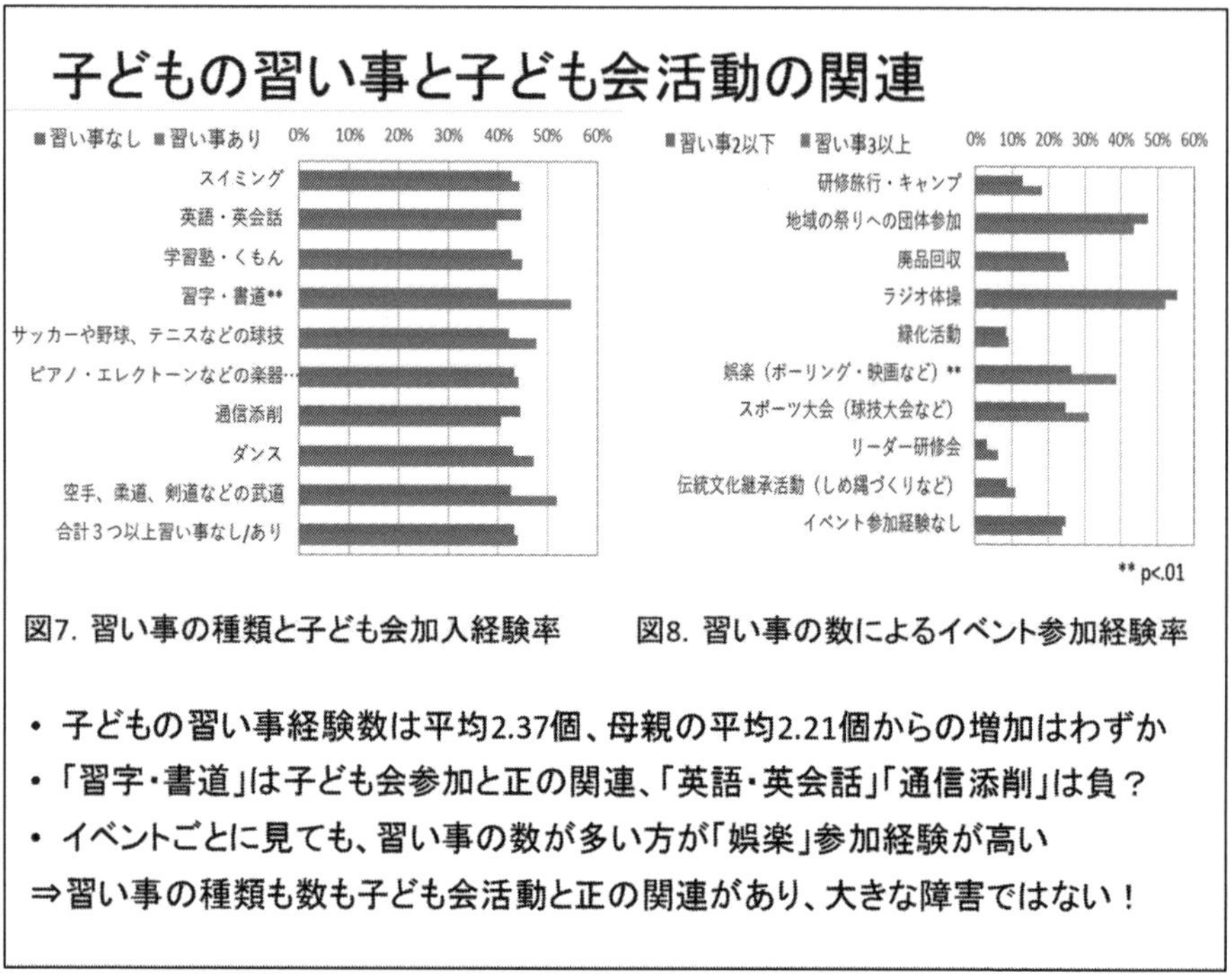

スライド９　子どもの習い事と子ども会活動の関連

ライトフライト」(優秀ゆえに、地域を飛び出していく現象)の習い事として知られていますけれども、いずれも統計的に有意な差はみられませんでした。イベントごとにみても、習い事の数が多い方が娯楽の参加経験も多いというかたちになっています。あとは、統計的に有意な差がある内容は、特にありませんでした。子どもに対する教育投資が多い家庭ほど、子ども会にも習い事にも投資をするので、基本的には正の関係があります。言い換えると、習い事の種類や数が子ども会活動に悪影響を与えている、障害になっているというようなデータは、今回の調査からは見出せませんでした。

　次に、母親の就労状況と子ども会活動の関連ですけれども(**スライド10**)、これは現場の人はもう気付いていて、子ども会

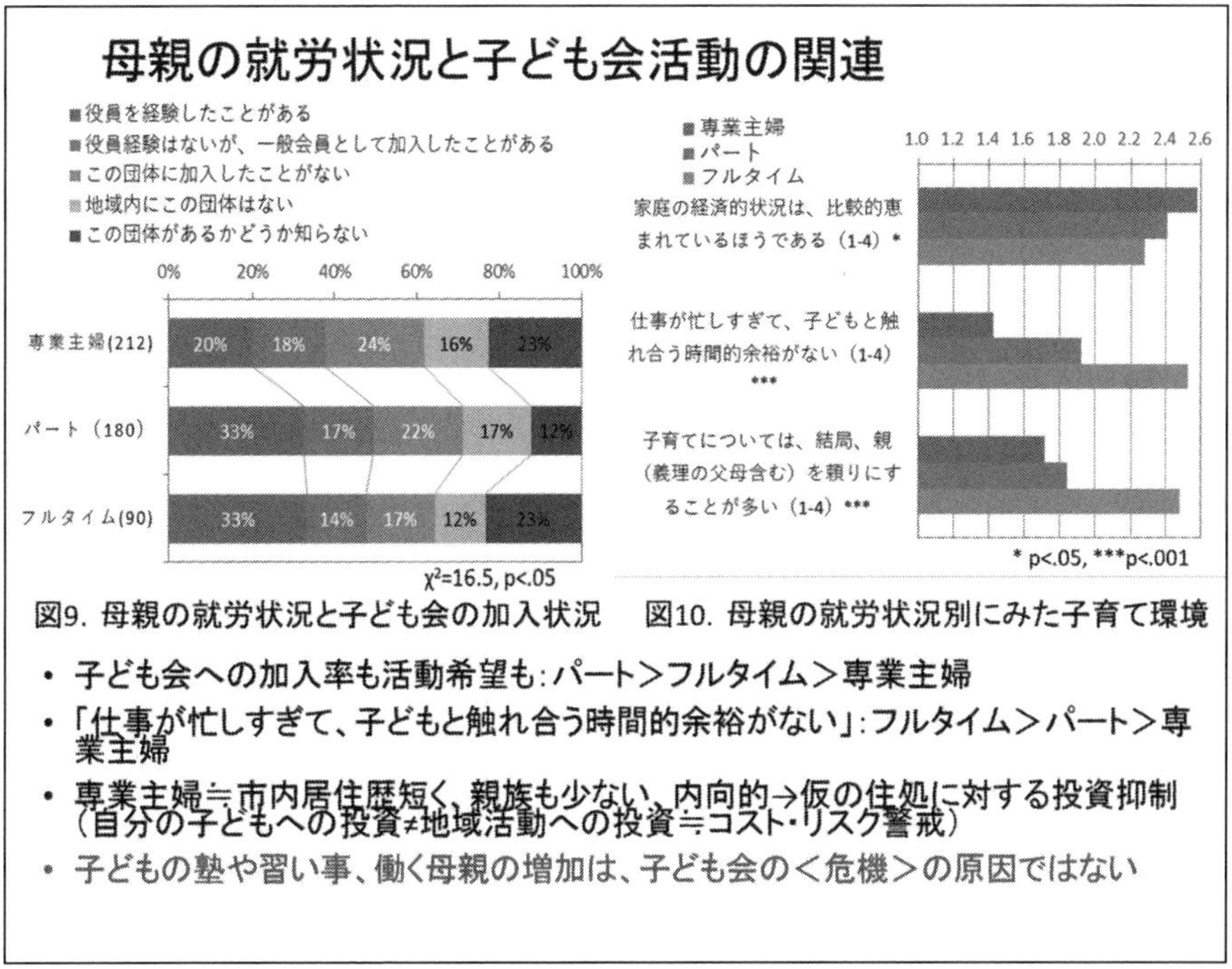
母親の就労状況と子ども会活動の関連
役員を経験したことがある
役員経験はないが、一般会員として加入したことがある
この団体に加入したことがない
地域内にこの団体はない
この団体があるかどうか知らない
0% 20% 40% 60% 80% 100%
専業主婦(212) 20% 18% 24% 16% 23%
パート（180） 33% 17% 22% 17% 12%
フルタイム(90) 33% 14% 17% 12% 23%
χ²=16.5, p<.05
専業主婦
パート
フルタイム
1.0 1.2 1.4 1.6 1.8 2.0 2.2 2.4 2.6
家庭の経済的状況は、比較的恵まれているほうである（1-4）*
仕事が忙しすぎて、子どもと触れ合う時間的余裕がない（1-4）***
子育てについては、結局、親（義理の父母含む）を頼りにすることが多い（1-4）***
* p<.05, ***p<.001
図9. 母親の就労状況と子ども会の加入状況
図10. 母親の就労状況別にみた子育て環境
• 子ども会への加入率も活動希望も：パート＞フルタイム＞専業主婦
• 「仕事が忙しすぎて、子どもと触れ合う時間的余裕がない」：フルタイム＞パート＞専業主婦
• 専業主婦≒市内居住歴短く、親族も少ない、内向的→仮の住処に対する投資抑制（自分の子どもへの投資≠地域活動への投資≒コスト・リスク警戒）
• 子どもの塾や習い事、働く母親の増加は、子ども会の＜危機＞の原因ではない

スライド 10　母親の就労状況と子ども会活動の関連

活動を熱心にやっているのは、実はパートのお母さんたちが多いです。非正規雇用のお母さんたちがパートも頑張るし、子育ても頑張る。場合によっては、子育てのためにパートという形態を選んでいて、しっかり家庭のこともやる。

反対に、専業主婦の方はあまり子ども会の役員をやりたがらない、子ども会活動には参加したがらない実態があります。もちろん、これは専業主婦の方が若いことが多いということもありますが、年齢をコントロールしても、子ども会を回避する傾向が比較的強いです。子ども会の加入率も活動規模も、パートのお母さんたちが一番高くて、フルタイムや専業主婦は低い傾向にあり、特に専業主婦が一番低いという順位は変わらないです。子どもと実際に触れあう時間的余裕がないというのは、フルタイムやパートや専業主婦と、働いている時間ごとに比例します。専業主婦の方は、市内居住歴が短くて親族も少なくて、内向的で地域が仮の住処であるため投資抑制が働いているのではないかと考えられます。しかも、自分の子どもに対して子育てというかたちで投資するために、自分は専業主婦という道をあえて選んでいる。そのため、そういう自己選択が地域活動によって横領されることに対して、非常に警戒心が強いという話も、いろいろインタビューを聞いていくなかで出てきました。その意味でも、子どもの塾や習い事や、働く母親が増えたということは、必ずしも子ども会の危機の原因ではないということがいえます。

8　子ども会の危機の原因

では、何が子ども会の危機の原因かということで、二点提示したいと思います。ひとつは、「カスケード効果」です（スライド11）。

私の入っている町内会では「子ども会をやめようか」という話が五年ぐらい前に出ました。結局、一年だけやって、子ども会は解散してしまいました。ところが、隣の町内会では九〇%と、ほぼ全員が子ども会に入っている状態でした。山口市全体でみた場合、子ども会の加入率は五割ですが、隣の防府市はほぼ一〇〇%の加入率となっています。「このちがいが何なのか？」ということを、加入率の高い子ども会の役員さんたちに聞いて回りました。基本は、勧誘に行くときに「ほぼみんなが入っています」「ここは全員加入です」といえるかどうかだということが分かりました。要するに、人は周囲の動向を敏感に察知する準統計的な能力をもつ

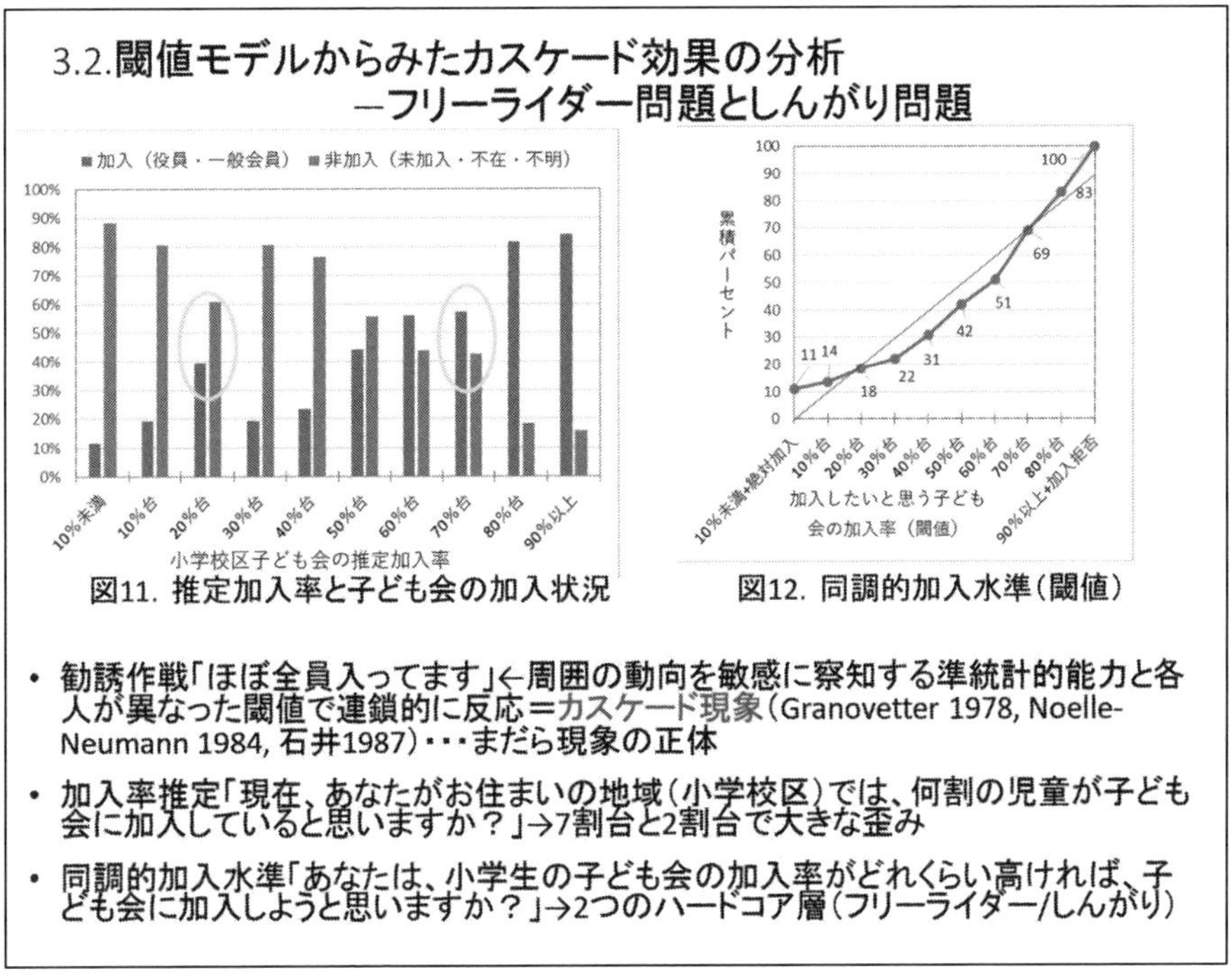
3.2.閾値モデルからみたカスケード効果の分析
―フリーライダー問題としんがり問題
■加入（役員・一般会員）　■非加入（未加入・不在・不明）
100%
90%
80%
70%
60%
50%
40%
30%
20%
10%
0%
10%未満
10%台
20%台
30%台
40%台
50%台
60%台
70%台
80%台
90%以上
小学校区子ども会の推定加入率
図11. 推定加入率と子ども会の加入状況
累積パーセント
100
90
80
70
60
50
40
30
20
10
0
11
14
18
22
31
42
51
69
83
100
10%未満+絶対加入
10%台
20%台
30%台
40%台
50%台
60%台
70%台
80%台
90%以上+加入拒否
加入したいと思う子ども
会の加入率（閾値）
図12. 同調的加入水準（閾値）
• 勧誘作戦「ほぼ全員入ってます」←周囲の動向を敏感に察知する準統計的能力と各人が異なった閾値で連鎖的に反応＝カスケード現象（Granovetter 1978, Noelle-Neumann 1984, 石井1987）・・・まだら現象の正体
• 加入率推定「現在、あなたがお住まいの地域（小学校区）では、何割の児童が子ども会に加入していると思いますか？」→7割台と2割台で大きな歪み
• 同調的加入水準「あなたは、小学生の子ども会の加入率がどれくらい高ければ、子ども会に加入しようと思いますか？」→2つのハードコア層（フリーライダー/しんがり）

スライド 11　カスケード効果

と同時に、それぞれこれぐらいの人が入っているなら自分も入ろうかなという閾値が個人ごとにある。それで、連鎖的に人のうごきが反応する、雪なだれ式に変化する、そういうカスケード現象があることに気付きました。

　そのために、ウェブアンケートではふたつの質問を入れました。ひとつは「あなたがお住まいの地域では、何割の児童が子ども会に加入していると思いますか」です。この質問をしてみると、非常に面白いことに「二〇〜三〇%台だと思う」と答えた人のうち、子ども会に参加している人は四割いるんです。変ですよね。逆に、「七〇〜八〇%台だと思う」と答えた地域で、答えた人たちの加入率は、実際は六割に満たない。つまり、どういうことかというと、入っていない人が二割を超えて、三割近くになったら、たぶん「子ども会に入っていない人」がもう目立たないのだと思います。逆に、「子ども会に入っていない人」が一割台のときは、地域のなかで非常に目立つし、マイノリティという状態に置かれ、そのこと自体が批判的に捉えられる。三割ぐらいが未加入になると、「私もいいかな」というかたちで、だんだんと手抜きがはじまる。逆に、子ども会に入っている人が二割台しかいないと思ったら、なんとか維持しないといけない。「しんがりの問題」と書いてありますけれども、そんな風になるのではないかと考えます。

そこで、もうひとつの質問で、「あなたは、小学生の子ども会の加入率がどれくらい高ければ、子ども会に加入しようと思いますか」とたずねてみると、ちょうど二割台と七割台が均衡点になりました。これは、累積度数分布で、要するに「周りの人がどうあろうと、絶対に子ども会に入る」という人が一割、逆に「周りの人がどうあろうが、絶対に子ども会に入らない」という頑固な人が一割程度存在している。ですから、子ども会の加入率が二割台でも維持され、二割台以降はどんどん減りはしても「なんとか頑張ろう」という岩盤層がある。逆に、子ども会の加入率が八割以上の地域では、「みんな入るのが当然」というかたちで、フリーライダーは抑制されるという構造になっている。このことからみると、おそらく加入率七割から二割までのあいだでは、変化がものすごく激しいはずです。いったん七割を切ってしまったら、「手抜きをした方が楽だ」ということが公然になっているのと同じ状況です。こんな風に考えました。

ここまでは、「均衡点と変動しやすさがどこにあるか」という話でした。「子ども会に未加入」「子ども会が不在」「有無が分からない」と回答していた人がいたわけですけれども、「そういった人たちに影響を与える要因が何か」というのを、今の近隣の動向の部分もコントロールして、他にいろいろな変数を入れてみると、基

3.3. 地域コミュニティの流動化による子ども会の＜危機＞

表1. 子ども会の未加入/不在/有無不明に関する多項ロジスティック回帰分析の結果
（加入経験者198人を基準とした偏回帰係数）

		未加入 *N*=96	子ども会不在 *N*=71	有無不明 *N*=81
居住地	東京23区もしくは政令指定都市居住（0-1）	1.016 ***	.609	.394
	自治会加入（0-1）	-.841 ***	-.492 *	-1.062 ***
地域特性	昔からの商店街に近く、自営業を営んでいる家が多い（1-4）	.603 **	.286	.466 *
	地域の住民がお祭りやイベントを盛り上げている（1-4）	-.461 *	-.549 *	-.532 *
近隣動向	認知：小学校区の加入率推定(1-10)	-.371 ***	-.397 ***	-.459 ***
	閾値：同調的加入水準（1-10）	.175 **	.026	.154 *
家庭事情	子どもの習い事数3つ以上（0-1）	-.085	-.158	-1.195 ***
	母親の就労：フルタイム（0-1）	-.575	-.360	-.133
	母親の就労：パート（0-1）	-.497	-.373	-1.140 **
	-2対数尤度	910.114		
	Cox と Snell	.408		
	Nagelkerke	.441		
	McFadden	.203		
	N	446		

- 地域コミュニティのあり方≒初期値→カスケード現象によるまだら化（Sunstein & Hastie 2015）
- 子ども会未加入に関連する地域特性は、大都市や自治会加入、旧商店街衰退、お祭りやイベント≒流動性が高いほど、責任分散され、地域投資が抑制（フリーライダー）
- 子どもの習い事や母親就労は、子ども会未加入にほぼ影響しない。パートはむしろ正の影響
- 自治会・子ども会が、地域住民の流動化に対応できていない≒存在しない定住代替りを前提

スライド12　地域コミュニティの流動化による子ども会の〈危機〉

本的には大都市だと未加入になる（**スライド12**）。これは、組織自体がないケースも、もちろん多いのですけれども、子ども会に入らなくても目立たないわけです。

ただ、自治会に入っていると、子ども会の未加入は減ります。そういった要因で、これは「あなたの小学校区で」という質問をしているのですが、それが初期値で、それがカスケード効果で増幅しているのだろうと考えました。そのなかで、地域特性として影響力が結構大きかったのは、「昔からの商店街に近くて、自営業を営んでいる家が多い地域」という事情です。これまでの伝統から考えたら、子ども会が一番熱心な地域ですよね。子どももある程度の人数がいて、地元商店街が中心になって子ども会のイベントをやっていた。ただ、どうも今は事情が変

わっているみたいで、こうした地域ではもう子ども会が維持できなくて未加入者が多い。おそらく、旧の商店街が衰退してきたということが、この背景にあるのではないか、と考えるわけです。あとは、因果関係の向きは実はいろいろな考え方があるとは思いますけれども、祭りやイベントを盛り上げている場合も、安定して子ども会の未加入や不在を減らす要因になっている。つまり、お祭りやイベントがしっかりあるところだと、子ども会にみんな入っていることが多いといえます。

さらに、先ほどからいっているような習い事や母親の就労状況は、ほぼ影響がありません。習い事をしていたり、母親がパートをしていたりすると、いろいろな情報が入ってくるので、「子ども会があるかどうか分からない」という回答がなくなることが分かりました。結局、こういう点をみてみると、自治会もそうですけれども、子ども会も地域住民の流動化に対して、どうも対応できていないのではないか。実際、定住した地付きの人の代替わり層が子ども会にいるかというと、いないんですよね。いないんだけれども、存在しない定住代替わり層を前提に、昭和のかたちで子ども会の組織が作られていて、そのまま続いているのが問題の根幹だろうと思いました。

9　子ども会への対応を考えるポイント

それでは、「子ども会をなくしていい」とみんな思っているかというと、それはまったく別ごとです。これは私も意外でしたが、積極的な不要論を唱えているのは、**スライド13**のとおり、子ども会加入者でも一六%、あるいは子ども会の非加入者でも一三%しかいないのです。他方で、子ども会の継続や発展を望む声がだい

3.4. 社会的ジレンマとしての子ども会の＜危機＞

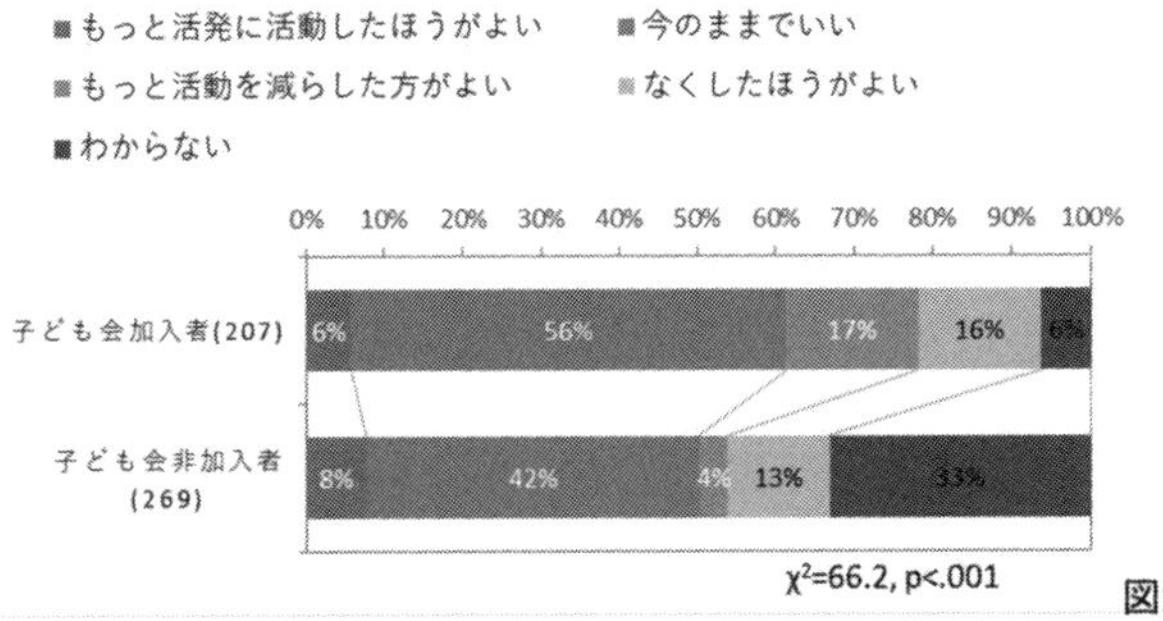

図13. 子ども会の加入状況別にみた子ども会の存続希望

		相手	
		協力	非協力
自分	協力	(10, 10)	(-20, 20)
	非協力	(20, -20)	(-100, -100)

図14.社会的ジレンマの利得構造

- 子ども会活動の継続・発展を望む声は、半数以上。積極的不要論は比較的少数。
- 加入経験者の方が「減らしたほうがいい」が多い。非加入者では「わからない」が多い。
- 子ども会のある地域生活のほうが望ましいと判断しているが、子ども会の維持存続に必要なコストは、できるだけ払わない方が得という利得構造（図14）
- 高次均衡：ほとんど協力。少数の非協力者（フリーライダー）には悪評のサンクションがあるため抑制
- 低次均衡：ほとんど非協力。少数の協力者（しんがり）が辞めてしまえば自分も全体にも不利益

→利得構造の見える化、加入メリット増加＋デメリット解消の努力が必要

スライド13　社会的ジレンマとしての子ども会〈危機〉

たい半数以上いました。「子ども会があった方が望ましい」と判断しているけれども、その子ども会の維持・存続に必要なコストは、誰かが払ってくれたらいいわけですよね。誰かが払ってくれたら、地区の運動会もお祭りも成り立つので、自分はお客さんとして行けばいいだけになるので、そういう選択だと思います。

　これは、どういうかたちのジレンマかというと、スライド13の右側の表のように書いてみました。いくらぐらいになるか、その量は分かりませんが、本当はお互い協力した方がみんな満足できる結果が得られる。けれども、自分一人は非協力でもほぼ同じ結果が得られる。自分が努力をしていない分、自分が得をすると考えることができる。

協力する人が他に誰かいるのであれば、誰か積極的に子ども会や自治会のことをやってくれる人がいるのであれば、自分は非協力を選んだ方が良いという状態です。

でも、やってくれる人たちは負担が重くなるわけですから、子ども会や自治会を辞めるように、非協力の選択を取れば、お互い非協力となってその分のコストを自分たちで支払わなければいけなくなる。子ども会に八割の参加者がいる地域だと、基本的には非協力者が少数で、その人には悪評が立つために、みんな入るような状態が維持できる。

逆に、入る人が二割ぐらいしかいない状況だと、僕もそうでしたけれども、辞めるに辞められない。ここで辞めたら、なぜか頑張ってやっている人の責任になってしまう。そういう最後の「しんがり」を務める。この人が子ども会を辞める選択をすると、自分に悪評が立つし、全体にも不利益が発生してしまう。

こういう構造になっているのを「見える化」するだけでも、だいぶちがうのではないかと思います。また、このなかで子ども会に加入するメリットを増やし、デメリットを解消する、こういう努力が必要だろうと思いました。

実際に、今の子ども会をやっている人たち、あるいはやっていない人たちが、どんな風に子ども会の利益と不利益をカウントしているのでしょうか。具体的にこのことをみるために、子ども会のどういう要素が、どういう評価が、子ども会の存続希望に影響を与えているかということを、二項ロジスティック回帰分析で、それぞれ子ども会の加入者と非加入者について分析してみました（**スライド14**）。子ども会の加入者の場合は、「地域への愛着」「一体感を維持する」といった社会的使命感が非常に大きいし、ほぼこれだけといっても過言ではないぐらい影響が大きかった。他方、マイナス要因としては、「子ども会で休日がつぶれて、体力的

子ども会加入者における社会的使命感と体力的疲弊

表2. 子ども会の存続希望についての2項ロジスティック回帰分析の結果

		加入者 *N*=177	非加入者 *N*=236
肯定	地域への愛着や一体感を維持するためには、子ども会や育成会の活動は不可欠である(1-4)	1.012 ***	.228
	地域のイベントに参加することで、ふだんとは異なる経験をすることができる(1-5)	.484	.567 *
	子ども会や育成会があるおかげで、地域の中に顔見知りが増えている(1-4)	.115	.444 **
	子どもが地域の文化や伝統行事について学ぶことができる(1-5)	.205	.555 *
否定	子ども会活動で休日が潰れるために、体力的に厳しいことが多い(1-5)	-1.260 ***	-.221
	親同士の関係に気を遣うために、精神的に疲れることが多い(1-5)	-.062	-.658 **
	-2対数尤度	143.140	251.676
	Cox と Snell	.385	.270
	Nagelkerke	.531	.361

- 子ども会の存続希望を支えているのは、子ども会へのどのような評価か？
- 加入者の場合:「地域への愛着や一体感を維持」の社会的使命感が⊕要因、「体力的に厳しい」が⊖要因
- 非加入者の場合:「ふだんとは異なる経験」や「顔見知りが増える」、「伝統行事」が⊕要因、「親同士の関係に気を遣う」が⊖要因

→加入者の燃え尽き防止（egボランティア休暇制度、個人的楽しみの要素）

→非加入者へはジレンマ構造の理解と個人的かつ社会的利益の提示

スライド 14　子ども会加入者における社会的使命感と体力的疲弊

に厳しい」という声が非常に大きかった。これは、実は問題の解決はそんなに難しいことではないと思いますけれども。逆に、子ども会の非加入者の場合は、「普段とは異なる体験が子ども会でできるのではないか」「顔見知りが増えるのではないか」「伝統行事を体験できる」といったことに対して、漠然とした憧れをもっている。けれども、子ども会に行ってみると、「親同士の人間関係で気を遣う」というのがマイナスになって「行かない」という構造になっているというのが分かりました。

　ですから、子ども会の加入者に対しては、燃え尽き防止策が重要であり、たとえばボランティアの休暇制度を作る、あるいは個人的に自由裁量のある楽しみの活動の余地を作るということ

が、実はすごく大事なのではないかという気がしました。逆に、子ども会の非加入者に対しては、「親同士の関係に気を遣う」というのは、たぶん慣れの問題なので、基本的には個人的にも利益があるし、全体としての利益に貢献することになる点を、上手く提示していく必要があると思いました。

10 子ども会のこれから

そろそろまとめに入りたいと思います（スライド15）。

子ども会の加入率の低下は、子どもの習い事や働く母親の増加が原因ではなくて、子ども会の加入・非加入にほぼ影響していません。もちろん、私の調査には限界があって、今回は「途中で子ども会を辞める」というような話は入れていません。「途中で辞める」とか、「今回たまたま欠席する」というときに、子どもの習い事や母親の仕事という理由が使われるのは、そうだと思います。これは保護者としては言いやすいし、他の保護者からの納得も得やすい理由だからです。全体として、子ども会への加入・非加入というのは、小学校一年生のときに決まるわけですから、このときに「子ども会に入るか、入らないか」を決める要素というのは、やはり「周りの人が子ども会に入っているかどうか」がおそらく大きいと思います。ですから、加入・非加入に大きく影響する要因として、「周囲の人々の加入動向がどんな風に衰退しているか」「それに対して個々人がどれだけ同調性を持っているか」が指摘できます。そこがないと、子ども会の加入率が急激に減少し、かつまだら状態が生じてきた経緯がうまく説明できないと考えました。

根本的な問題としては、大都市居住とか自治会の非加入とか、旧商店街の衰退とか、お祭りやイベントの

4. まとめ―子ども会の＜危機＞の所在

①子ども会の加入率の低下は、子どもの習い事や働く母親の増加が原因ではない。これらの家庭事情は、子ども会の加入／非加入にほぼ影響していない。

②子ども会の加入／非加入に大きく影響する要因として、周囲の人々の加入動向についての認知（推定加入率）やそれに対する個々人の閾値（同調的加入率）が挙げられる。これらの要因によって、子ども会の加入率の低下が急激かつ＜まだら＞に生じたと考えられる。

③大都市居住や自治会の非加入、昔からの商店街の近さ、お祭りやイベントの少なさ等も、子ども会の非加入に大きな影響を与えている。地域コミュニティの流動化と呼べるこれらの要因によって、フリーライダーの選択が容易になってきたと考えられる。

④比較的多くの人々が子ども会の存続を望んでいるが、加入者と非加入者では、その理由が大きく異なっている。加入者では地域社会への使命感がベースとなっているが、非加入者では種々の個人的利益が想定されている。

- 私生活化・消費社会化原因論の誤りは、個人のエゴイズムを悪の実体とみなしていた点。利己的個人が多数派になれば、道徳的に糾弾しても解決にはならない。
- コミュニティの流動化が進む中で、個々人レベルでの合理的選択がカスケード現象によって急速に波及していった点こそが＜危機＞の正体→子ども会参加が合理的選択になるように、利得構造を変えるしかない。

スライド 15　まとめ―子ども会の〈危機〉の所在

少なさ、そういったことが子ども会の非加入をもたらしている。地域コミュニティが流動化するほど、こうした要因でフリーライダーをすることが容易になってきたのだと思います。ただ、逆にお祭りやイベントは流動的なコミュニティに対する参入者、自治会に新しい人を迎え入れるチャンスにもなるだろうと思っています。

　そのほかにも、これは意外な発見ですが、比較的多くの人々が、実は子ども会の存続自体を望んでおり、「あった方が良い」とは思っているわけです。ただ、子ども会の加入者と非加入者では、その理由が大きく異なっています。子ども会の加入者は使命感でやっている部分があって、非加入者は個人の利益があるのではないかと想定される。ですから、こういった調査結果から判断すると、「私生活化論」や「消費社会化論」に沿って、子ども会の衰退原因を求める考えは、個人のエゴイズムを悪の実体とみなしている点で限界だろうと思いました。

要するに、利己的な個人が多数派になれば、そのときには道徳的に糾弾しても、決して問題解決にはならない。そうではなくて、コミュニティの流動化に対して、うまく自治会や子ども会が対応できないなかで、個々人レベルでの合理的選択がカスケード現象によって急速に波及していったことが、危機の正体だったわけです。ですから、子ども会に参加することが合理的選択になるように、利得構造を変えるというのが、一番まっとうな解決策だろうと思っています。

11 講演内容に関する補足

最後に、余談というか蛇足で、必ずしも調査結果だけから引き出された話ではないですが、いくつか思いついたことをお話しします（スライド16）。

まず、一点めは、「流動化を前提にした子ども会や自治会組織の作り方が大事なのではないか」という点です。お祭りや歓送迎会は、子ども会や自治会に一番入りやすいポイントなので、そこに主軸を置き、熱心に取り組むのが良いのではないか。お祭りや歓送迎会に地域としての居場所機能をもたせる、あるいは役員記録をたとえば「子ども会手帳」「自治会手帳」のようなもので共通化して、どこに行ってもある程度そのことが評価される、などでしょうか。そういうことをしておかないと、社会移動が大きいなかで、転勤などで地域移動が多い人たちは、「どこにも所属しない生き方が楽」というかたちになってしまうという気がしました。

子ども会・自治会のためのいくつかの提言

①流動化に対応した子ども会・自治会組織≒お祭りや歓迎会を主軸とした居場所づくり、役員記録の共通化

②子ども会参加者に有利な予算措置≒全額自治会負担、入会先約

③各自治会で子ども会担当の継続的な役員配置をする一方で、単子には自由裁量を与える（古着バザー、ハロウィン）→市子連・県子連イベントは再検討/特定の自治会子ども会で担当

④ジェンダーや年功序列の構造を解消できる制度設計にする≒母親たちの不満を記録・開示→「地域のための」悪弊改善

⑤年間10～20日程度のボランティア休暇制度を導入

⑥オンライン会議、オフラインが必要な場合は託児つき

⑦学校との連携については、ガイドライン必要

⑧もしなくなった場合のデメリットを主題化し、情報共有⇔地域コミュニティには公共機関とスーパー、コンビニだけあればいいのか？

スライド16　子ども会・自治会のためのいくつかの提言

二点めは、似たり寄ったりなところはありますが、子ども会の不均質に関する内容です。実は、子ども会のお財布の事情は全然異なっていて、その理由は自治会でどういう財政負担をしているかに依ってきます。最初から、子ども会費用もまとめて、全体で「一軒あたりいくら」と決めて取ってしまうのが、実は一番合理的かなと思います。子ども会に入っている人が一〇〇%の防府市の人に聞いたんですが、マンションを新築するときに、既に自治会に入る、子ども会に入るのは建築要件に加えているという話を聞きました。これは、自治会のなかで、子どもが生まれたら入ることを前提にしてしくみを作っていることになります。もちろん、どうしても無理ならば抜けていい

とは思います。「人付き合いがうまくいかない」「子ども会がストレスになる」などで、そのようなら辞めればいいだけの話です。

また、行事負担ですが、結局、子ども会役員の一年交代制にしている現状が、本人の楽しみもなくしているし、そこに雑務がいろいろな系統で紛れ込んでくる要因にもなっている。ですから、継続性をもたせるのであれば、自治会のなかで子ども会担当の役員をしっかりと配置すべきでしょう。その人が、ある種のスペシャリストとして、子ども会に関するいろいろなことを知っているのが理想です。単位子ども会には自由に活動をやらせればいい。

問題なのは、市子連や県子連から参加要請がくるイベントです。これは、実は市子連や県子連は七〇～八〇年代を通じて、子ども会の組織が増えていくなかで、さまざまな教育的理念を掲げていろいろとイベントを増やしてきたわけです。だから正直、こういうものは減らしていいだろうと思っています。

もちろん、やれるところはやってもいいと思いますが、やれるマンパワーがある自治会・子ども会はそうないと思います。逆に、その分をたとえば古着のバザーなど、自分たちで必要なイベントに取り組む方が望ましいでしょう。あるいは、最近の子ども会のイベントとして、ハロウィーンのようなものが定着しつつある雰囲気ですから、従来から踏襲されてきた行事ではなく、こういうものを自由にやるようなかたちにしていけばいいのではないかと思います。

あとは、お母さんたちが子ども会に入りたくない最大の理由は、「地域の先輩たちがたくさんいる」というところです。私は山口県内でこういう状況をみていますけれども、会合が終わったあとに飲み会がはじまって、みたいな地域がたくさんある。それがいい部分はもちろん分かっていますけれども、そこにお母さんたちを貼り付けさせる必要は何もない。ですので、そういったものをできるだけ解消するような制度設計にしていかないといけないだろうと思います。

あとは、全然レベルがちがう話ですが、年間一〇日や二〇日程度のボランティア休暇制度のようなものがあれば、それを災害発生時の復興ボランティア参加に使ってもいいし、子ども会に使ってもいい。こうしたボランティア参加を、子ども会の側が受け入れ、参加者の活動実績を子ども会として承認するような機能・役割をもつということが、すごく大事だと思いました。細かい話ですけれども、だいたい子ども会は月に一回はイベントを開催するわけです。その準備のために、事前の集まりが二〜三回はあるわけです。ただ、毎回、オフラインの対面で集まる必要は、もうないと思います。今回のオンラインシンポジウムのように、会議もオンラインでやればいいわけで、何だったらLINEグループだけで話が済むはずです。もし、オフラインでイベントをやる場合には、「託児付きでやりましょう」といった工夫も要ります。地域全体の子どもの面倒をみるために、自分の子どもをおばあちゃんの家に預けなければならないなど、本末転倒なことがあちこちで起こっている実情があります。

あと、これが実は一番難しいのかもしれないのですが、「学校とどう連携するか」という点があります。もちろん、今までの事件や事故、支援体制の問題もあって、いろいろな紆余曲折があったと思います。ただ、現状をどうするかは、厄介な問題かなという気はしています。何か新しいガイドラインのようなものがあれば、学校側は「ここまでやるけれども、ここまではやらない」というかたちで、明確になるのかなと思います。もちろん、学校や地域によっても、事情がちがうのでどうしても難しいところがあります。

「もし、子ども会がなくなった場合に、どんなデメリットが生じるのか」を、できるだけ主題化して、「本当になくしていいのか」という話を、正面からしなければならない状況の子ども会は、たくさんあると思います。新しく子どもをもった人たちが、地域コミュニティのなかに、公共施設とスーパー、コンビニだけあればいいのかという問題です。なにがしかの自治生活、自治が親御さんにとってはコストやリスクでしかなくなっていることが、現状における最大の問題だと思います。けれども、そのあたりをしっかりと考えなければならないだろうという気はしています。

以上で私の講演を終わります。ありがとうございました。

4 コメントとディスカッション

1 基調講演へのコメント①（勝伸博・春日井市役所）

(1)子ども会をめぐる状況の捉え方

私は春日井市役所で職員をしています、勝と申します。よろしくお願いいたします。高橋先生のお話からは、実務に携わる者として、多くのヒントがありました。

まず、私ども春日井市の子ども会では、「負の連鎖」といいまして、地域の子ども会がなくなると、子どもたちが子ども会に入りたくても入ることができない状況が生じます。そのため、子ども会の団体数の減少が、子ども会の加入率の低下につながっていくという事情があります。逆に、子ども会に加入する子どもが少ないと、子ども会を続けることが困難になる。子どもの人数の減少とともに、保護者の人数も減って、役員の負担も大きくなって、なり手がいなくなる。こうして子ども会を解散せざるを得ないという状況になるわけで、子ども会の加入率の低下が団体数の減少につながっているのではないか、ということです。

町内会との関係をみますと、町内会と子ども会は必ずしも一対一の関係ではないと思っていまして、かつては複数の町内会が一緒になって、子ども会を運営する地区もあったと承知しています。先ほどの高橋先生のご講演でもありましたが、近年の子どもたちによる、子ども会への加入率の低下は、一般にいわれるように、保護者の都合等により子ども会に入らない児童が増えた、という話とは限らない。むしろ、われわれが今、断片的に携わっているなかでは、子ども会が存在しない地域が増えたことが、子ども会に入りたくても、そもそも入れない状況になっている実態がみえてきています。これは、先ほどの高橋先生のお話にもあったように、地域コミュニティの流動化への対応がなかなかうまくいっていないのではないか、と思っています。先に、高橋先生の論文を読んで、今日のご講演でも確認ができたところは、プライベート重視の「私生活化」という表現がありましたが、そういったことよりも、むしろ町内会をはじめとする地域コミュニティのあり方と密接に関連している点です。また、子ども会の存在自体が、身近なものではなくなりつつあるという事情も、あらためて確認させていただきました。

⑵春日井市の子ども会の状況

私ども春日井市は、人口約三〇万人の自治体で、名古屋市の北部に位置し、現在も町内会はほぼ市内全域に存在しています。ただ、町内会に加入しない世帯が増えていることが、町内会の加入率低下の原因にあり、加入促進がひとつの課題です。当市は、町内会の加入率が五七・一%程度の自治体です。

子ども会は令和元年度現在で、昭和五八年度の統計データから比較してみますと、団体数が3分の1程度に減少しています。子ども会が存在している地域も、同様に縮小しており、こうした事情が子ども会減少の主な原因だと思っています。ここは子ども会への加入促進以上に、子ども会が存在する地域・範囲の拡大が課題と思っています。

子ども会の加入率に関しては、これまで補助金の交付対象を一〇人以上にしている手前、この要件に合った子ども会しか捕捉できませんが、二〇%程度の子ども会の加入率の状況になっています。高橋先生のお話のなかに、子ども会の存在は町内会や地域コミュニティの成り立ち、そこに対する帰属意識、近隣住民の動向などに大きく関わっているのではないか、というご指摘がありました。まったくそのとおりで、確信に近づいて参りました。

子ども会を取り巻く環境についてみると、地域的な偏りがみられます。先ほどの高橋先生のお話で、「開発団地で一五年が経過すると、子どもがいなくなる」というご指摘がありました。本市には高蔵寺ニュータウンがありますが、そのとおりで、こういった地域の児童数は一斉に入って一斉に出て行く。そこに住民も入ってきているわけですが、子ども会への案内がうまく伝わっていない可能性があると思いました。一方、本市では現在も区画整理事業を進めており、まだ住宅地を開発しながら住居数を増やそうとしています。そうすると、ここでも、一時のぱっと入ってくるときにどういうアプローチができるか、という課題があります。こういった転入を促進する地域において、一斉に子どもたちが入ってくる場合に、うまいやり方を用意しておかなければ、最初につまずいてしまう。それが、子ども会の加入率にも影響するわけで、実は町内会への加入促進といったところも、本当に瓜二つだと思いました。

子ども会の規模に着目しますと、単位子ども会に関していうと、一団体当たり大体二〇～四〇人ぐらいだと、うまく継続している状況があります。名古屋市でも春日井市でも、一団体当たり二〇～四〇人ぐらいの子どもたちがいると、保護者の参加の度合いも含めて、規模的な事情からは子ども会が続く要因なのかなと、漠然と思っています。逆に、私どもの市内で、非常に児童数の多い、一〇〇〇人近い児童数がいる小学校だと、児童数が多すぎて、そこの子ども会の面倒をみることができないという事情があって、解散した子ども会があるのを確認しています。

一般的にいわれる話ですが、高齢者は地域の担い手になり得るのかというところでは、今は「七〇歳まで働きましょう」という風潮があるように思います。そうしたなかで、町内会と子ども会とを関連させた場合、町内会の加入率も非常に厳しい状況において、子ども会との連携は、高齢者の方をどう位置づけるのかは非常に難しいと思います。

先ほど、高橋先生のお話のなかにありました、商店街の衰退の件ですが、もともとその地域にお祭りがあったとか、イベントが多かったというのは、そうかと思います。そういったところに、今日でも参加したいといった場合、個人事業主の方は子ども会や町内会にどういった影響を与えているかまでは、われわれも把握しきれていないので、ここはポイントかと思います。町内会加入率との関連はありそうなので、たしかに商店街と子ども会の連携はあり得るかと思います。

われわれの市のなかで、加入率が高い子ども会の事例がありまして、これは小学校区に二四の子ども会がある地区です。小学校区の子ども会育成会連合会を、今の時代になって逆に結成しました。趣旨に賛同する校区の大人の方や「おやじの会」が中心になって、連合会レベルではボーリングやキャンプを開催しています。また、河川美化運動や納涼まつり、地区のイベントに参加しています。中身をみると、二四の子ども会のうち一一の子ども会は、会員数は一〇人未満ですが、この小学校区においては加入率が九九・四％を占めています。町内会の加入率も高いのかなと思って調べてみると、こちらの小学校区では五〇〜六〇％で、市内平均とそれほど変わりません。保護者だけではなく、地域の大人も一緒に盛り上げている事例でありますので、町内会の方が流動的というよりも、逆に関与しないがために子ども会としての活動ができているのかな、と感想としてはもっています。

高橋先生のお話でも、町内会や地域コミュニティ全体で子ども会を支える体制を強化する、というお話がありました。また、ボランティア休暇制度の導入のお話もありました。さらに、子ども会活動への母親の関わりという話がありましたが、父親の参加の成否というのは、果たしてどうなのかとは思います。それから、小規模な子ども会が結合している事例がありまして、こういったところは、なんとか活動を継続しようというごきだと思います。

(3)子ども会をめぐる課題の整理

課題の整理です。やはり子ども会そのものの機能や存在意義をもう一遍、掘り起こさなければならないのではないでしょうか。町内会と子ども会は、地域に存在しているという意味では、同じかと思っています。こういった「地域性」に対しては、非常に興味・関心があります。あとは、子ども会をどのように普及・促進させ、さまざまな立場の方々に子ども会を理解していただけるかがポイントだと思います。

それから、子ども会の減少と加入率の低下は、全国的な課題とされていますが、その有効な手立てとしては、いったいどのようなものがあるのかについては、非常に興味があるところです。たしかに、町内会の問題に対してはいろいろ議論があるようですが、子ども会ならではの有効な手立てはありうるのか。先ほど、三浦先生のお話のなかにありましたが、たとえば名古屋市における「子ども会活動アシストバンク事業」では、地元住民以外の方が子ども会の活動に関わる可能性として、どのような内容があるのか、と思っております。

最後に、子ども会を核とした地域コミュニティ維持の可能性ということで、地域コミュニティの流動化への対応と学校との連携については、学校は地域コミュニティとつながろうとしていますし、PTAはもちろん子ども会と関連づいています。子ども会が学校と連携する場合に、そこの間を取りもつ何かがあれば、という観点からいうと、「学校と地域の連携推進」という課題に対しては、非常に重きを置いており、各地でコーディネーターを設置しようといううごきがみられます。そういったところに、子ども会という要素がもう一回入ってこれる余地というのはどうなのかと、強い関心をもって聞かせていただきました。

ちょっと長くなりましたけれども、私からの発言とさせてもらいます。

2　基調講演へのコメント②（谷口功・椙山女学園大学教授）

(1)はじめに

私自身は京都市内で少年時代を過ごしました。ですから、ラジオ体操などの経験はしました。通っていた小学校には学童クラブもありましたが、子ども会という存在の認識は全くありませんでした。今は愛知県で暮らしていますが、子どもがいないので、私自身は子ども会との接点をもってきていないことになります。このような私が何をコメントできるのか、ということを考えながら、手短にお話します。

私は、市民活動や地縁組織の動向に関心をもっているので、子ども会育成会の活動者から悩みの相談を受けたり、同世代の友人たちから活動経験を聞いたりしました。また、今、私が住んでいるマンションの管理組合は、先ほどお話にあったように、町内会に入ること、子ども会に入ることを大前提として運営されているので、管理組合という自治組織の立場で子ども会、具体的には廃品回収などに関わったりしました。

また、私が勤めている大学の名古屋のベッドタウンとされる市にあるキャンパスでは、大学として近隣の自治会・町内会のイベントに協賛しています。学生と一緒にヒアリングをすると、新しい住宅地もあり子どもも多い町内会は、子ども会フリーライダーを容認していました。町内会が開催するイベントで、子ども会への加入の有無を問わず、子どもたちを受け入れるという地域のなかで、子ども会の意味を考えさせられています。

勤務している女子大学は、八割ぐらいの学生が名古屋市外の出身です。そうした学生たちに話を聞いてみると、ほぼほぼ「子ども会に参加した経験がある」と答えます。しかし、子ども会の役員については、「自分は関わりたくない、やりたくない」「実は親もそう思っていた」といいます。

高橋先生のお話にあった「カスケード効果」は、まさにそのとおり。「親に『やりたくなかった』のに、なぜ子ども会に入ったのかを聞いてごらん?」というと、やはり「周りが入っているから」子ども会をやってきた、となります。では、「自分はどう?」とたずねると、「私はやりたくない。でも、周りが入っていたらやっぱり入るかな」となる。そういった効果はあると実感しています。

本日お話を聞き、また卒業研究で子ども会やジュニアリーダー、祭りを取り上げる学生と議論してきたなかで思っていることを、三点ほどお話させていただきます。

⑵子ども会が抱える困難

子ども会が抱える困難には「内的な困難」と「外的な困難」があり、これらに直接的な因果関係にあるかどうかは、高橋先生によると、「ずれがあった」とのことでした。他方で、現場は、加入者の減少やマネジメント能力の低下、担い手不足、資金や活動内容の限界に直面し、子ども会そのものをどう組織化すればいいのか、と悩んでいる。しかも、子ども会そのものの存在感が低下してきている現実もあり、「子ども会に必要性があるか」と悩んでいます。

「介護の社会化」がいわれる一方で「子育ての社会化」もいわれるようになってきましたが、「子育ての社会化」には共感できない、という声もあります。この延長線上で、子ども会の必要性もピンとこない、ということでしょう。

しかし、子どもの問題に非常に関心があり「子どもと関わる活動をしたい」という思いをもっている学生は多くいます。民営化した子どもの集団へのサービスというのでしょうか、キャンプや遊びのメニューを提供する団体でのアルバイトは学生にとって、子どもと関わりながらアルバイト代も確保できるものです。これらの活動には、子ども会の代替機能があると思われます。

「外的な困難」については、そもそも地域の人口構造が変化し、ごそっと子どもたちが抜けてしまうことがあります。産業構造や就労構造、社会構造の変化の影響があるように思えます。さらには、行政の質的転換、すなわち行政がどう子ども会に関わっていくのか、には自治体ごとに温度差があります。

高橋先生のご講演のなかで、平成の大合併のお話がありましたが、愛知県内の合併した自治体では、行政がどう子ども会に関わっていくのか温度差があります。町内会・自治会は「全体性を担保している」から行政が支援するが、子ども会はまだらに存在しているがゆえに、「全体性を担保していない」から行政が支援から撤退していくという自治体もありました。

フリーライダー問題もそうですが、住民の側の意識や共通善といったもの、すなわち「地域のためにどうすればいいのか」というところの揺らぎがあります。こうしたことを、別に子ども会のみならず、いろいろな町内会・自治会に関わるなかでみてきました。やはりさまざまな要因や事情が、子ども会の衰退や困難に影響しているのではないか、というのがひとつめにおたずねしたい内容です。

⑶年齢階梯制という視点

ふたつめは、「年齢階梯制とコミュニティ」といった視点からです。数年前に愛知県犬山市で開催された本学会の大会は「祭りとコミュニティ」がテーマでした。祭りと地域コミュニティとを関連させ、祭りの保存会の構造をみていくと、そこに年齢階梯制があります。稚児、若衆、年寄と年齢ごとの役割があり、仕切っていきます。

愛知県内には、いろいろなかたちで遺産化されている山車文化・神輿文化があります。それらの担い手たちの年齢階梯制といったものに何らかの意味があり、それがひとつのコミュニティを形成していると思われます。そして、特に今、大河ドラマで注目されている三河地方は、年齢階梯制が比較的残っている地域ですが、町内会加入率が八割を超えている自治体が複数存在します。子ども会、青年会、婦人部、老人会、消防団などの年齢階梯制とコミュニティとの関係はかなりあるのではないでしょうか。

それこそ、結婚式や披露宴に誰を呼ぶかといったときに、消防団関係者が入ってくるという三河の人たちの地域への関わり方をみると、年齢階梯制という視点が非常に重要だと思います。ただし、この年齢階梯制の組織は、極めてプライバシーの壁が低い。お互い、誰がどこで何をしているのかが筒抜けの状況です。男子のみならず、女子もそうで、女子学生に聞いても、かなりお互いのことを知り尽くしています。今、いわれているような「新しいコミュニティ」といった場において、こういったプライバシーの壁と年齢階梯制の問題を考えないといけないように思っています。プライバシーの壁を保とうとすれば、自分のことが筒抜けになるような組織には加入しない、ということになるでしょう。加入率の低下はプライバシーの壁の影響も考える必要があるように思います。

⑷子ども政策における位置づけ

三点めがコミュニティ政策との関連です。子どもを取り巻く社会課題としては、貧困格差、子育て支援、学習支援、居場所づくりなどがあります。子どもの活動の場、学童保育や放課後児童教室で子どもの親をみると、どの組織にその子どもが参加するかに、階層というか、何らかの格差があると思われます。だからこそ、福祉的なもの、教育的なもの、地域的なもの、これらをつなぐような包括的なコミュニティ政策の意義があるように考えているところです。

そのうえで、先ほど高橋先生からも勝さんからもご指摘があった点になりますが、子ども会の活動内容がなかなか変わらない現実があります。「子ども会の質的転換は可能なのか?」と問い、活動内容を変えていくときに、たとえば市民教育の場、主権者教育の場という内容を、果たして取り入れることができるのだろうか。

子ども会を市民教育の場、主権者教育の場とすることで、子ども会は子どもの活動の場でも育成者の活動の場でもあることになるのではないか。そして、子ども会は、果たして子どもがいる大人でなければ参加できないのか、子ども会に関わる年代を広げることはできないのか、エリアを越えて参加することはできないのか。関係人口という議論がなされるなかで、メンバーシップの多様性は可能なのか。こう考えると、地縁的なものとテーマ的なものを重ね合わせることも可能であるように思えます。

⑸問題関心の整理

ここまで発言してきた内容をあらためると三点です。

ひとつめは、子ども会の困難の克服の可能性は、果たしてどこに見出せそうなのか、本当に危機の克服は可能なのか、という点です。ふたつめは、年齢階梯制によるコミュニティの形成、言い換えれば人間関係の形成は、現代社会においてどのような意義があるのか、という点です。私自身、何か解答をもっているわけではないので、果たしてこういったある一定の年齢の集団によってコミュニティを形成していく意義があるのかどうか、が気になったところです。三つめは、実はそもそも、「町内会・自治会はコミュニティなのか、アソシエーションなのか」という議論があるなかで、「子ども会はコミュニティなのか、アソシエーションなのか」と考えると、どういった返答があり得るか、という点です。言い換えると、アソシエイティブなコミュニティに子ども会はなり得るのか、という質問になります。もしこのあたりで、高橋先生のご見解を、ぜひ教えていただければと思います。即回答ができるようなものではないかもしれませんので、もし何かあればというところでお願いいたします。

3　コメントへの返答（高橋征仁・山口大学教授）

(1)アプローチのタイミング

おふたりの先生、コメントをいただきまして、ありがとうございます。全体としてうまく、きっちりとした答えにはならないかもしれないのですが、何点か気付いたことがあるので、お答えしたいと思います。

ひとつめは、勝先生がいわれていたタイミングの問題について、自治会や子ども会が子どもたちに対してアプローチするのが小学生から、というタイミングは良くないと思っています。子どもはとっくに生まれているわけですから。最近だと、たとえば子ども会の会長さんから聞いた話だと、家を買うときに、子ども会や自治会の評判を聞いて家を買うというお母さんがいるそうです。「あそこは役員の仕事がすごく大変だ」「あそこはいろいろ地域の人からうるさいことをいわれる」「あそこは自治会費が高い」といった評判です。お父さんたちは自分の通勤・通学の距離を中心に物事を考えがちかと思いますが、お母さんたちは実はこういった情報をすごく気にしており、聞いて回るという話を聞きました。

実際に、小学校に入る前に、ママ友は幼稚園や保育園で作ってしまいます。その前のタイミングでも、山口県の健康福祉関係の事業で、ママ友づくりのイベントがあって、そこでママ友が地域を越えて、自治会を越えてできてしまうわけです。でも自治会は、その自治会のエリアで、子どもが新しく生まれたことを知っているはずです。そうであるならば、その時点からアプローチをすべきでしょう。子どもが生まれた時点で、まずなにがしかのお祝い金をあげる、それはほんのちょっとした額だったり、図書券だったり、おもちゃ券だったり、そんなのでいいと思います。こういうかたちで、自治会のメンバーとして承認することを先にはじめることで、自治会や子ども会に対する距離は縮まるような気がします。

⑵「おやじの会」の可能性

今までの構造を変える、ひとつの大きなトピックが「おやじの会」だと思います。これはおそらく、全国どこでもみられる傾向です。男性も育児参加するようになったし、できたらこうした会合への参加を企業や団体が積極的に認めて、ボランティア休暇を付けるぐらいのことがあると、すごくいいと思います。

他方で、注意が要るのが、こうした集まりは同時に、セグリゲーションというか、男女の区分けがすごく濃厚になるんですよね。男性の育児参加そのものは望ましいうごきですが、会合に関しては、夫婦を片方ずつの性別で出してやっているという、非常に奇妙な、ある種のジェンダー強化を促進するような構造になっている。でも、それは存在しないよりは、たぶんはるかに良いでしょうし、そのこと自体は谷口先生がいわれていたような、年齢階梯制だけではなくて、年功秩序みたいなものも絡んでいて、そのことに対して若い男性が入ってくるのは、すごく良い流れだと思います。

ともあれ、こうした「おやじの会」は、既存の関係性を変えるうごきにはなるとは思います。ただ、今のところ、お父さんたちの集まりゆえの結果として、おやじの会主催のイベントは男の子遊びの性格が強く、組織自体もイベント開催団体のように特化してしまっている部分もあります。これは、お母さん方からすると「私が苦労しているのはそこじゃない」「新しいイベントを増やしても、自分の家事は楽にならない」という話になるので、そのあたりが問題なのかな、という気はしております。

⑶子ども会の支援の可能性

ＮＰＯや専門の業者、ほかにもある種の民営化事業を子ども会の活動に取り入れる点に関していえば、都市部ではもちろん可能だと思います。ただ、山口県はけっこう田舎なので、そもそもそういったサービスを展開してくれる企業がどれだけあるか、という事情があります。この点で、かなり疑問が残る部分があります。

また、「大学があるなら、大学生のサークルを利用すればいいのではないか」ということは、しばしば思います。この点に関しては、結局は子ども会として地域に対する信頼、大人に対する信頼をどう作るか、という問題になってくると思います。これは、親も子どもも含めて、どこをどの程度、信頼を置いていけば良いのかというお話です。地域のなかにはさまざまな大人がたくさんいるわけで、なかには疑問に思う振る舞いをする人もいないわけではありません。

本当は、そこの距離の詰め方を学んでいく必要があるのかな、という気はします。けれども、なかなか複合的に、「誰かが絶対安全だ」というかたちで信頼できるわけでは、決してない。ですので、複合的に信頼を担保していくしかないと思います。ともあれ、学生にとって、子ども会に関わるのはすごく勉強になるので、学生の参加の機会やルートを、子ども会のモデル事業としてどこかでやっていくのも面白いかと感じています。

⑷子ども会と地域事情

個人事業主のお話もされていました。この場でどれだけ話してしまっていいのか分かりませんが、運動会や子ども会で長年にわたり世話役をした人が、市議会議員に立候補したり、コミュニティ協議会の委員になったりして、ある種、それが生業になっていくところも、実はあったと思います。ただ、この間も、子ども会の会長さんが選挙に落ちるというケースがありました。これだけ自治会の加入率が下がってくると、安泰ではなくなってきて、長年、地域貢献活動をしても何のメリットもない状態になってきています。もちろん、いずれは叙勲を受けたり、何なりということもあるんでしょうけれども、それだけを誘因として、今後も地域のための活動を続けられるのかといったら、続けられないような気がします。

ただ、自治会や公共のための活動を、誰がどれだけやったかを記録をして、それなりにみんなに周知することは、どこかで必要ではないかと思います。神社やお寺で寄付の額が張り出されているのと同じように、なにがしか、そういったものがないと、与えられたかたちでしか地域社会を体験できない。誰かが努力して、地域社会が成り立っていることを実感できない。もちろん、困難なことは困難ですけれども、誰によってどういうことがあったのかを、記録したり公開したりという活動は、今まではなかなか目を向けられてこなかったのではないか、という気がしております。

年齢階梯制もジェンダーもそうですけれども、どれだけ必要かといったら、なかなか難しいところがあります。子ども会で何かをするときも、お母さん方はすぐに集まって、性別での分業と年代別での分業をはじめてしまいます。とっさに分業しやすい指標が性別と年代なので、それを完全に無くするというのは、たぶん難しいという気は正直します。ただ、今だと育成会などでは、上部組織にいけばいくほど男性だけになるという構造があるので、そこを少し入れ子にしてあげた方がいい気はします。

未来に対して「この地域が存続していくんだ」という展望をもつことができる、そのことをみんなで確認しながら、手探りで進めていくようなしくみがいるという気がしております。山口県内では過疎地域が多いので、難しいとは思いますけれども。

5 全体討論

谷口：高橋先生、ご回答をいただき、ありがとうございました。私が研究のフィールドとしている過疎地では、新しい移住者が入り、子ども会は、それだけでは組織として成り立ちませんが、いろいろな会が複合的に重なるなかで成り立っていました。こうしたこともあり、いろいろな角度から、高橋先生にうかがってみたしだいです。

勝さん、高橋先生のご回答に対して、何かご発言があれば、お願いいたします。

勝：ありがとうございました。町内会の加入率も子ども会の加入率も、すぐに上げたくなってしまうというのが、自治体行政職員の性であります。やはり、根本的なところを多角的に押さえることは、非常に重要だとあらためて思いました。私自身も本日の内容をふまえ、またいろいろと研究を続けていきたいと思います。ありがとうございます。

高橋：逆に、春日井市の方で、子ども会の担当者がいることに、私は今、非常に驚いております。山口市では、社会教育関係は非常勤職員が担当しています。

勝：私ども春日井市では、子ども会の担当は社会教育関係部署ではなくて、子ども政策課という青少年子ども部局で担当しています。「青少年担当」という名の下で、市子連との関係も含めて、今は補助金の交付が主な仕事になっていると思います。

高橋：それは、活動している子ども会に対して、補助金を出すということでしょうか。

勝：おっしゃるとおりで、これは一律、一〇人以上で活動しているところに対して補助金を出しています。今、本当に助けられているのは「地域のおじさん・おばさん」という、子どもの通学路などを見守る団体の存在です。こうした団体がいろいろと地域のなかで活動しております。こうした団体として、今後は子ども会に対して、何かプログラムを提供するような展開もあり得るのかもしれません。

谷口：ありがとうございます。もし、フロアから何かご意見あれば、いただければと思います。発言していただいても構わないですし、チャットでも結構です。

宗野：コミュニティ政策学会の会員の宗野隆俊（滋賀大学教授）といいます。今日はどうもありがとうございました。すごく面白いお話をうかがうことができ、参加して大変良かったです。質問というわけではないですけれども、私が住んでいる地域における子ども会の存在感というか、それに関わって感じることがありましたので、そのことをお話しします。

私は今、滋賀大学で勤務しており、住んでいるのは大津市です。大津市は市の規模でいうと中核市で、人口がおそらく三四〜三五万ぐらいのところだと思います。私が住んでいるのは、おそらく人口一万〜一万二〇〇〇人ぐらいの、割と大きな小学校区で、そのなかの団地に住んでいます。この団地は、子どもが多いところです。特に、ここ二〜三年で、すごく子どもが増えた気がします。平日の夕方や土日の天気の良い日には、学年を横断するかたちで、子どもたちが団地の公園で遊んでいます。そういう声や姿をよく目にしたり、耳にしたりする場所です。

今日の高橋先生のご講演を聞きながら思っていたことは、「コロナの影響はすごく大きかったのかな」ということです。数年前、コロナが起こる前は、夏休みには子どものためのイベントをよく開催していたようでした。盆踊りも団地の公園でやって、そこには本当にたくさんの人が集まって、何時間も踊るようなことをやっていました。これには、子ども会もすごく関わっていたようです。それが、コロナによってまったく無くなってしまいました。それ以外の子ども会関連のイベント、たとえば子どもに対する本の読み聞かせも、かつては行なわれていたようですけれども、それもコロナで無くなりました。

今は、子ども会を通さないで、子どもたちが自分たちで集まって遊んでいるという光景が、すごく増えているように思いました。特段、何か学術的なコメントというわけではないですが、身近に感じた変化として、そういったことがあるということをみなさんに共有しました。

谷口：ありがとうございます。コロナ禍と子ども会というお話で、もし高橋先生、何かあればご発言をお願いできますでしょうか。

高橋：お話をうかがって気付いたのですが、私の報告はコロナの前の調査になっていまして、コロナを理由に「子ども会が休止になって良かった」「負担が少なく、楽になっている」という実態は、ものすごくあると思います。それは、大学でも何でもそうだとは思いますけれども。

谷口：先ほど、「おやじの会」のお話もありましたけれども、逆に、コロナ禍において、「おやじの会」がポツポツと増えたりはしていないのでしょうか。

高橋：そこまではフォローしていないですね。ごめんなさい。

谷口：たまたま私が住んでいるところは、「おやじの会」が新規にできて、参加者の募集がありました。それこそ、「子どもがいなくてもいいのか」という話をするようなこともありました。「新しい大人のおやじたちの居場所」みたいな話が出てきたからです。しかし、ここも先ほどいわれたようにジェンダーですね、「なんでおやじなの？」というところは、感じるところがあります。

ほか、いかがでしょうか。もし何かご質問やご意見、感想等があればお願いいたします。

名和田：先ほど、冒頭でも挨拶をさせていただきました名和田です。その後、高橋先生の基調講演を聞いて、非常に勉強になりました。ありがとうございます。それから、キーノートスピーチや高橋先生のご講演へコメントを聞いて、非常に考えるところがありました。

まず、この企画の基本的な構えとして、子ども会と自治会を比較している。「比定」という言葉がありますよね。「比べる、定める」という比定です。それは、必ずしも当然の視点ではなくて、それによってみえてくるものがある、面白い視点だと思いました。

それに関連していうと、フリーライドの問題については、民間組織としての自治会の弱点であるわけです。国家権力的な背景がないので、フリーライドを阻止できない現実がある。ただ、自治会と子ども会を比べると、私は自治会の方がフリーライドは深刻だと思います。その点で、子ども会は子ども会の会員だけしか参加できないイベントは結構あり得ると思うので、その深刻度の差はあると思いました。感想になりますけれども、その点について何かコメントがあれば、ぜひちょうだいしたいと思います。

もう一点だけ、問題提起をさせていただくと、最近、地域活動の専門性が上がっているのではないか、という点です。私が参加した日本都市センターの二〇一九年の調査では、その点にかなり焦点を当てています。今、求められている活動は割と専門性が高いものが多くて、地域においても、あるいは支援する自治体、専門機関においても、「専門人材が必要である」といった話が出てきています。子ども会の活動の困難に、果たして「活動の専門性」という論点があるのかどうか、教えていただきたいところです。

今、過失のトラブルがいろいろと問題になるケースがありますが、「素人がそんなことをやってよかったのか」「裁判で問われると非常に困る」といったような専門性の問い方もあると思います。その問題が、果たして子ども会においてあるのかどうか、ということが気になりました。

谷口：高橋先生、どうでしょうか。

高橋：まず、一点めの「自治会の方がフリーライドは深刻だ」というのは、どういう意味でしょうか。数としては、子ども会の方がフリーライドをしている人が多いと思います。

名和田：たとえば防犯灯に関しては、自治会の会員だけであれだけの負担をするので、そのあたりのバランスがより深刻ではないか、ということです。

高橋：「支出」という面に関しては、たしかにそうかもしれないですね。ただ、子ども会の場合は、子ども会に入っていなくてもキャンプに行けたり、お祭りに参加できたりするんですよね。あるいは、学校によってちがいますけれども、朝の登校のときには、子ども会の親だけが見守り当番をやっていて、結果としては子ども会に入っていない子どもたちも守られています。

極端な話、五年生まで子ども会に入って、六年生になるときに子ども会を辞めるお母さんもいます。それで、子どもを私立中学の受験をさせたりする。結果として、それですごくひんしゅくを買う。他方、「自治会を辞める」という決断は、なかなかできない気がします。子ども会は途中まで入っていて、途中からスパッとやめてしまう人がたまにいます。

専門性の話ですけれども、子どもの面倒をみるという意味での専門性は、ほぼ必要ないとは思います。イベントに関しては、イベントごとに「どこに何を取りに行けばいいか」「誰にどういうかたちで物事を頼めばいいか」「誰にお金を払わなければいけないか」という話になります。普段はみんな、具体的なノウハウを一切もたないまま、暮らしているわけです。それが役員になると、ぽんと放り出されて、いろいろとやらなければいけなくなる。

それに慣れている人は、だいたいのことを知っているので、そういう人を係として常においておけば、ノウハウを伝承したり、わざわざ当番割り当てを作ったりする必要が本当はなくなる。そこで、ひとりでもいいので、自治会で子ども会や育成会の担当の人を置けばいいだけの話だと思います。そうではなくて、毎回、新入りの役員になって、小学校区の全体でそれを伝承されるという構造になっているから、話がややこしくなっている。そういう具体的な人間関係とか物の移動といった、ノウハウだけだと思います。イベントをやるのに、どこにどんなものがあって、誰にどんな話をつけに行ったらいいかなど、そういうことのノウハウを自治会単位でストックしておけば、自治会単位で知っている人を作っておけば、それで済む話かなという気もします。ただ、やはり調整は必要かと思います。

名和田：ご自分の体験から、これだけの学問的な業績をあげられていたことに、敬意をもっております。ありがとうございました。

谷口：ありがとうございます。今、専門性のお話がありました。大学でも学生たちに求めているのですけれども、普段、学生たちが子どもたちと接するときに、コミュニケーションスキルというある種の専門性が関わってくるのかな、と思います。実際に、学生たちが子どもに携わるアルバイトをするときも、コミュニケーションを専門性として括弧を付けられて要求されることもありそうです。そういったことは、子ども会の現場はあるんですかね。どうでしょう。

高橋：それこそ、市の子ども会担当者の方やジュニアリーダー、シニアリーダーの育成を受けている方は、やっぱりコミュニケーションは上手です。

谷口：ジュニアリーダー、シニアリーダーになっていくプロセスで、コミュニケーションが専門化していくというのは、私もあると思います。実は、大学生に対しては、さんざん「ガクチカ」といって、「今日もバイト、明日もバイト」といわずに、それこそ「町内会活動を四年間だけでもやってみたら」という話をしているところです。

他にみなさん、どうでしょう。三浦先生、ここまでのやりとりを聞いて、何か質問や意見がありましたら、いかがでしょうか。

三浦：ありがとうございました。あらためまして、高橋先生、ご講演いただきまして御礼申し上げます。また、コメンテーターの先生方にも感謝申し上げたいと思います。

今のやりとりのなかで、名和田先生がおっしゃっていた自治会・町内会と子ども会の関係をというところで、今回はこれがメインのテーマということでした。私自身も「自治会・町内会と子ども会のちがいは、どういったところにあるのか」というのは、ずっと考えてきたところであります。双方をみてみると、やはり子ども会の方が解散、休止、組織の衰退（何をもって衰退かというのはいろいろ議論がありますけれども）が著しいというのは、現状として捉えることができるかと思います。それに対して行政側の対応も、かなりちがいがあるなと、一般論としては感じております。実際に、市行政として、子ども会担当、対応業務をやめたというケースが全国的には出てきています。愛知県内でも、いくつかの自治体では、市子連がなくなって、子ども会関連業務を終了させたという市町村があります。

そこで、なぜ自治会・町内会の対応業務は当然ながら続いていて、子ども会の対応業務はスパッとやめてしまえるのかを考えたときに、自治会・町内会はやはり、組織としての活動の包括性が相当ある。たとえば、ごみ集積所の維持管理は、自治会・町内会がなくなってしまったら誰がやるか、という話があります。仮に、行政の環境課みたいな部署が現場に出て行って、毎回毎回、カラスが散らかしたごみを掃除する作業を、市内のいたるところで対応できるかといったら、これは相当難しいでしょう。他方で、子ども会はなくなったら、市内全域のごみ集積所の散乱のように、住民生活に深刻な影響を与えるような事態が何か生じるのかというと、なかなかそこが明確にみえていない。こうしたことから、自治会・町内会に対する行政の対応と、子ども会に対する行政の対応が分かれてくるのかと思います。

もっというと、本日は話題に上がりませんでしたが、議会もそうです。議会では、しばしば「自治会・町内会の加入率が低下しているが、どうするのか」という一般質問があります。けれども、「子ども会はどうで、子ども会をどうするか」という一般質問が議会で出るというのは、ほとんどみたことがない。

このあたりは、双方の組織の性格や活動内容のちがいによって、差異があると思っています。とはいうものの、子ども会について考えるなかで、自治会・町内会の運営にとって参考になる部分はあります。反対に、自治会・町内会の運営を考えるなかで、子ども会にとって参考になる部分もあります。そのため、引き続き私自身は相互に研究していきながら、現代の状況に合ったやり方を模索していければと思っています。

谷口：ありがとうございます。それでは、いい時間になってきましたので、本学会の中部支部で今、代表をやっていただいている鈴木誠先生（愛知大学教授）に、締めのご挨拶をお願いしたいと思います。

鈴木：高橋先生、今日はどうもありがとうございました。とても示唆に富む内容で、これから時間をかけてゆっくり考えていきたいと思っています。特に、先生から、町内会・自治会のなかに、子ども会を含めた地域の子どもたちをサポートする担当を作ってあたっていけばいい、ということもおっしゃっていただきました。たしかに、町内会・自治会は分かるのですが、その先の子ども会はみえにくい状況がある。こうしたなかで、地域には子ども会があって、該当するお子さんに対して、生まれたらすぐにアプローチをしていくなど、地域のなかで子どもたちを受け止めていく姿勢をもつ重要性を知りました。また、子ども会について強調するうえで、地縁関係があるのはとても大事なことではないか、という点もおっしゃっていただきました。これらの点は、ものすごく参考になりました。

今、町内会・自治会の加入者が減っていくなかで、なかなか地域の共助の取り組みができない実態があります。こうした状況をふまえて、町内会・自治会を包括するまちづくり協議会であるとか、小学校区単位、あるいは中学校区単位の大きな住民の組織づくりというものも、さまざまなところからアプローチがはじまっています。そのきっかけは、住民からも、町内会からも、さらには行政からもみられます。子ども会の活動についていうと、実は町内会レベルでは、もう維持できなくなってきている。そこで、まちづくり協議会などが非常に熱心に、小学生をもつ親に対して働きかけをして、子ども会の広域的な復活なり再生ということを、一生懸命呼びかけているところもあります。

けれども、小学生レベルの、いわゆる子ども会の利害関係の年代や世帯だけを対象としたアプローチは、これは限界があるということを、今日のお話を聞いて非常に学びました。むしろ、子どもが生まれたら、さらには移住してきたら、これから子どもをもつ予定がある世帯も含めて、やはり子ども会という活動がこれから地域のなかで作られていく必要がある。あるいは、そういったものを作っていく芽生えがあるならば、それを支援する必要がある。子ども会という存在を経験した者としては、直接の利害がなくても、その存在の価値を解釈して、きめ細かく育てていくことが、町内会・自治会あるいはまちづくり協議会にとって、とても大事ではないか、と思いました。

幸い、今日の勝さんの話にもあったように、自治体でも社会教育関係部署ではなくて、子ども政策や若者政策の観点から、子ども会に光を当てて、その社会的意義をもう一回捉え直して、地縁組織と連携するところも出てきています。子ども会の存在価値を、もう一度、地域のなかから捉えなおす際には、やはり当該の世代だけではなくて、もっと別の観点というものも大事にしながら、ともに暮らしていく地域をつくることが大切でしょう。

こういう観点から、子ども会のあり方をしっかりと受け止めて、支援していかなければならないと、今日の高橋先生のお話を聞いて、私自身、感じました。またぜひ、これから勉強させていただきたいと思います。今日はとてもいい話題提供をいただきまして、本当にありがとうございました。感謝申し上げます。

谷口：ありがとうございました。それでは、本日のオンラインシンポジウムを終了したいと思います。みなさん、ご参加ありがとうございました。そして、報告していただいた高橋先生、ありがとうございました。

著者紹介

コミュニティ政策学会中部支部

2018年に、中部圏に関わりのある本学会の会員で発足。2019年7月には、愛知県犬山市でコミュニティ政策学会第18回大会を開催するにあたり、企画・運営を担当。その後も、定期的に研究会や読書会を開催してきた。中田實会員（前・コミュニティ政策学会会長）が顧問を、鈴木誠会員（愛知大学地域政策学部教授）が代表を、三浦哲司会員（名古屋市立大学人文社会学部准教授）が幹事を、それぞれ担当している（2024年3月現在）。

コミュニティ政策学会監修

まちづくりブックレット　6

子ども会と地域コミュニティの関係を考える

2024年7月30日　　初　版第1刷発行

〔検印省略〕

定価は表紙に表示してあります。

著者©コミュニティ政策学会中部支部／発行者 下田勝司

印刷・製本／中央精版印刷

東京都文京区向丘1-20-6　　郵便振替 00110-6-37828

〒113-0023　TEL (03) 3818-5521　FAX (03) 3818-5514

発行所 株式会社 東信堂

Published by TOSHINDO PUBLISHING CO., LTD.

1-20-6, Mukougaoka, Bunkyo-ku, Tokyo, 113-0023, Japan

E-mail : tk203444@fsinet.or.jp　http://www.toshindo-pub.com

ISBN978-4-7989-1919-5 C3036

東信堂

まちづくりブックレット

1 自治会・町内会と都市内分権を考える　名和田 是彦　一〇〇〇円

2 宮崎市地域自治区住民主体のまちづくり　宮崎市地域振興部地域コミュニティ課 地域まちづくり推進室　一〇〇〇円

3 横浜の市民活動と地域自治　石井大一朗編著　一〇〇〇円

4 地元コミュニティの水を飲もう ―ポストコロナ時代のまちづくりの構想　鳥越 皓之　一〇〇〇円

5 熟議するコミュニティ　伊藤 雅春　一〇〇〇円

6 子ども会と地域コミュニティの関係を考える　コミュニティ政策学会中部支部　一〇〇〇円

7 新たな時代への地域運営組織を考える ―守る・攻める・創る　江の川流域の取組から　コミュニティ政策学会 中国地域研究支部編集委員会　一〇〇〇円

8 まちづくりにおける「対話型市民参加」政策の見た夢と到達点 ―京都市二〇一〇年代の「カフェ型事業」の経験から　谷 亮治・深川光耀・北川洋一 江藤慎介・篠原幸子・乾 亨　一〇〇〇円

コミュニティ政策叢書

1 日本コミュニティ政策の検証 ―自治体内分権と地域自治へ向けて　山崎仁朗編著　四六〇〇円

2 高齢者退職後生活の質的創造 ―アメリカ地域コミュニティの事例　加藤 泰子　三七〇〇円

3 原発災害と地元コミュニティ ―福島県川内村奮闘記　鳥越皓之編著　三六〇〇円

4 自治体行政と地域コミュニティの関係性の変容と再構築 ―「平成大合併」は地域に何をもたらしたか　役重 眞喜子　四二〇〇円

5 さまよえる大都市・大阪 ―「都心回帰」とコミュニティ　鯵坂学・徳田剛・西村雄郎・丸山真央 編著　三八〇〇円

6 地域のガバナンスと自治 ―平等参加・伝統主義をめぐる宝塚市民活動の葛藤　田中 義岳　三四〇〇円

7 地域自治の比較社会学―日本とドイツ　山崎 仁朗　五四〇〇円

8 米国地域社会の特別目的下位自治体 ―生活基盤サービスの住民参加実際のガバナンス　前山 総一郎　三六〇〇円

9 住民自治と地域共同管理　中田 実　三四〇〇円

10 自治体内分権と協議会 ―革新自治体・平成の大合併・コミュニティガバナンス　三浦 哲司　三二〇〇円

11 神戸市真野地区に学ぶこれからの「地域自治」 ―地域のことは地域で決める、地域の者は地域で守る　乾 亨　五二〇〇円

※定価：表示価格（本体）＋税

〒113-0023　東京都文京区向丘 1-20-6　TEL 03-3818-5521　FAX03-3818-5514
Email tk203444@fsinet.or.jp　URL:http://www.toshindo-pub.com/